NICOLAS
SANCHEZ

FACE À LA MÈRE DÉCHAÎNÉE

Conception graphique : Lionel Delfourne
Visuel : Edvard Munch, *La Madone* (1895)

« *Non ci lasceremo mai.* »

Les yeux perdus dans un vide écrasant, Livia répète en boucle ces quatre mots. Comme un mantra. Une ancre magique et sacrée qui l'empêchera de dériver vers les ténèbres.

« *Non ci lasceremo mai.* »

Dans sa langue maternelle, cette phrase est lourde de sens. Dans la forme comme dans le fond... Oui, elle porte le plus puissant des serments : "jamais nous ne nous séparerons." Pourtant, la promesse paraît déjà maudite, comme étouffée par les mots qui la portent : écoutez-la, qui démarre par deux monosyllabes frêles et criards, puis tente de prendre son envol avec un long verbe, élastique et puissant... pour finalement se rétamer sur un dernier son minuscule et plaintif ! L'incarnation de l'échec.

« *Non ci lasceremo mai.* »

Ce sont surtout les derniers mots que sa mère lui a adressés, au moment même où les policiers l'encerclaient. Ses derniers mots, tout court. Puisque Giulia est devenue une tombe le jour où ses fils ont été enterrés.

« *Non ci lasceremo mai.* »

La sédation ne fait plus effet, et Livia se tord d'anxiété et de douleur sur ces draps rêches, qui la font saigner au moindre soubresaut.

Elle essaie de se calmer en invoquant des souvenirs heureux, mais sa mémoire récente lui fait défaut, et seules des bribes de son enfance viennent l'assaillir. Les ruelles d'Ithaque, la procession vers le sanctuaire, les rires de sa mère et tous ces hommes qui la fixent d'un air étrange, le banquet à la tombée de la nuit, la porte de la grange qui vacille, et les cinq agneaux à la gorge ouverte.

« *Non ci lasceremo mai.* »

Elle se revoit, à l'âge de quatre ans, tenter de réveiller les cinq agneaux. Elle commence par caresser leurs tempes, mais la douceur ne crée pas l'effet escompté. Alors, elle les tapote impatiemment sur le haut de la tête. Leur tête dure !

L'agacement cède la place à la nervosité. Elle crie leurs noms : Gianni, Ezio, Carmine, Mattia, Giosué.

Mais les agneaux sont têtus. Ils gardent les yeux clos, avec un sourire glaçant. C'est peut-être un jeu de leur part. Livia décide alors de leur rendre la pareille. Elle s'allonge elle aussi dans la paille, et fait mine de ne plus respirer. Elle fige ses lèvres, dans un rictus semblable à celui de ses frères. C'est elle qui va gagner la partie !

« Non ci lasceremo mai. »

Livia s'était sans doute assoupie. Ce qui la réveille, ce sont les cris de son père. Il la secoue, trempé (la chemise suintante, les mains baignées de sang, l'écume aux babines, les paupières inondées de larmes), et elle se met à brailler. Jamais elle n'a vu autant d'alarme dans son regard.

Elle tourne la tête, et les agneaux sont encore assoupis. Elle comprend que son père souffre, mais aussi qu'il a eu très peur pour elle. Puis elle voit se dessiner la silhouette de sa mère dans l'embrasure de la porte. Sa mère qui reste dressée comme une statue fière, mais dont les traits du visage sont en train de s'écrouler, les uns après les autres. Fabio prend Giulia dans ses bras, mais elle le repousse en hurlant, et s'enfuit.

« *Non ci lasceremo mai.* »

Plus tard, les policiers sont là, pour emmener sa mère. Giulia s'accroupit, regarde Livia entre douceur et douleur, et lui dit simplement ces quatre mots, d'une voix écorchée.

Les villageois sont là, tout autour, et Livia ressent leur frénésie, massive et menaçante. Ils murmurent ou ils grondent, mais tout se confond dans un râle commun. Puis une voix de femme fend cette brume sonore, et lance : "Vous avez tous entendu ce qu'elle a dit à sa fille ? Je ne parle pas l'italien, mais 'lasceremo', c'est lacérer, non ? Elle vient d'avouer qu'elle les avait mis en pièce, cette garce !" Tout est si net maintenant dans la mémoire de Livia.

« *Non ci lasceremo mai.* »

À force de secousses, le cathéter cède, et Livia comprend que c'est la fin. C'étaient les derniers mots de sa mère, ce seront aussi les siens.

*

1.

Le deuil est une anesthésie où l'on sentirait chaque incision du scalpel : le chagrin a beau nous assommer, il n'atténue pas la douleur. Amorphes mais conscients, on subit les coups d'un chirurgien invisible. Une opération silencieuse et méthodique qui laissera forcément des cicatrices. Si l'on y survit...

Lors de funérailles, j'en ai vu tant se liquéfier ou se recroqueviller, comme des insectes sous un coup de massue. Mais dans notre famille, ce qui avait toujours dominé, c'était une forme d'énergie au cœur du désespoir.

Alors que nous marchions vers le crematorium, mon cerveau repassait en boucle les images de la cérémonie, et j'en analysais chaque parti-pris : Est-ce que c'était une bonne idée, ce morceau de Mengoni pour ouvrir la messe ? Le prêtre croyait-il vraiment aux mots qu'il débitait froidement ? N'aurais-je pas dû mettre une cravate ? Et pourquoi avait-on choisi cette essence de bois pour le cercueil ? Oui, c'était plus lumineux, mais est-ce que son odeur ne serait pas trop âcre, au moment de brûler ? Vu de l'extérieur, je devais avoir l'air hagard - à côté de mes pompes (funèbres) -, mais en réalité, mes pensées ne m'accordaient pas le moindre répit.

Gemma, elle, était tout aussi mutique, mais je devinais les engrenages de sa fureur. Depuis l'enfance, c'est la rage qui avait toujours dominé chacun de ses instants de tristesse. Elle n'avait ainsi pas desserré la mâchoire depuis le début de la cérémonie.

En chemin, je lui pris la main, et dis :
« Je sais que ça ne te consolera pas, mais... après des mois de bouffées délirantes, d'insomnies, de morsures et de vomissements, elle a bien mérité de déposer les armes... Et nous aussi.

— Luca, ce n'est pas ça qui me tue. Nous sommes sept pour sa crémation ! Sept ! Et uniquement des personnes de notre entourage à tous les deux.

— Maman a vécu comme une sauvage. Qui d'autre espérais-tu ?

— Je ne sais pas... Les gens qu'elle avait rencontrés pendant sa chimiothérapie. Le personnel soignant, d'autres malades. Je croyais vraiment qu'elle s'était ouverte aux autres.

— Je peux te garantir que jusqu'au bout, elle aura tenu le monde à distance. Elle hurlait sur les médecins et les infirmières, elle se moquait des autres cancéreux.

— N'empêche. Pour moi, c'est à ça qu'on mesure l'importance qu'on a eue dans la vie des gens.

— Au nombre de personnes venues aux obsèques ? Je suis convaincu que des héros disparaissent dans l'indifférence d'une tombe commune, quand des raclures reçoivent des hommages d'empereur. »

Gemma réprima un ricanement. Pour concéder :

« En fait, tu as raison. Tu te souviens de Leclerc ?

— Ton ancien patron ? Celui qui avait la main baladeuse ?

— Exactement. L'église était pleine à craquer.

— Et pourquoi, d'après toi ?

— Parce que nous étions nombreuses à vouloir le voir neutralisé, figé dans son cercueil. »

Cette petite saillie détendit son visage, parce qu'à travers son irrévérence, elle faisait perdurer l'esprit de notre mère... Mais Gemma n'arriverait jamais à la cheville de Livia, reine des revêches.

Avec ses airs permanents de félin courroucé, Livia avait été un sacré personnage. Bruyante, tapageuse, elle attirait tous les regards – mais dès qu'elle suscitait trop d'attention, elle montrait les crocs et lâchait une nuée d'insanités comme si elle était possédée. Quand ses enfants lui signalaient ce paradoxe (« si ça ne te plaît pas d'être remarquée, t'as qu'à la jouer profil bas, pour une fois »), elle rétorquait : « Je ne vais pas m'empêcher de vivre. » Pour elle, pas besoin d'être discrète pour rester secrète.

Elle avait donc traversé cette vie, telle une énigme aux multiples facettes : la seule certitude qu'elle avait inspirée, c'est son mépris pour la race humaine. Les rares audacieux qui s'étaient aventurés trop près d'elle, hypnotisés par sa superbe et sa morgue, en avaient payé le prix. Notre père, le premier ! Livia détestait plus que tout la complicité, l'intimité. Parce que derrière toute forme de concorde, elle voyait déjà poindre l'hypocrisie, la trahison. « Un faux-cul n'est pas moins nauséabond qu'un vrai. » disait-elle.

Même si Livia avait tenté de nous endurcir, Gemma était tiraillée entre fatalisme et espoir, et cédait parfois à la sentimentalité. Au-delà de la désertion des funérailles, qu'elle attribuait à un déficit d'amour ou de popularité, je savais ce qui l'affectait le plus : le manque de piliers, de soutiens, de personnes avec qui partager sa peine.

Pendant toute notre enfance, ma sœur s'était lamentée de ne pas avoir de « vraie famille », et par là, elle faisait référence à l'archétype de la tribu italienne : des myriades d'oncles, de tantes, de cousins, d'aïeuls pour célébrer les grands moments, et former front commun dans les pires épreuves.

Nous avions donc vécu sans modèles, sans remparts. Mais aussi sans limites. Certes, nous n'avions personne sur qui réellement nous appuyer – mais personne pour nous juger ou nous influencer, non plus. Nulle tradition à respecter, nul dogme à satisfaire. Pas de responsabilité imposée, pas de lignée à perpétuer. Avec un clan monolithique et conservateur, Gemma n'aurait pas vécu aussi librement son histoire d'amour avec une femme. Et je n'aurais sans doute pas pu embrasser une carrière de cameraman, toujours par monts et par vaux, hermétique aux engagements et aux attaches.

Gemma et moi avions grandi en électrons libres, liés par l'affection râpeuse de notre mère certes, mais indépendants dans le moindre de nos choix. Toutefois, à la différence de Livia, nous n'avions jamais tiré un trait définitif sur nos congénères : bien que nous partagions cette méfiance envers les meutes et l'effet de masse, nous avions noué des amours et des amitiés. Sélectifs, pas antisociaux.

Mais malgré tous ces petits liens que nous avions tissés comme pour mieux nous agripper aux parois de l'existence, nous ne retrouvions aujourd'hui oscillants, désemparés, balayés par une tempête tellement forte qu'elle avait eu raison de l'ouragan Livia. C'est son cercueil que main dans la main, nous regardâmes glisser vers des flammes implacables.

2.

Au moment de nous séparer sur le parking brûlant, Gemma rompit le silence :

« Je m'étais interdit de faire des recherches de son vivant. Mais là, plus rien ne me retient de remonter l'arbre généalogique.

— Maman disait qu'elle était orpheline, et qu'elle n'avait jamais connu ses parents. C'est maigre comme point de départ...

— Oui, mais aujourd'hui, il y a de plus en plus de sites où avec l'analyse des correspondances ADN, on peut retrouver des cousins ou...

— Mais ça ne nous rendra pas Maman. Et je ne suis pas sûr qu'il faille explorer le passé pour mieux avancer, d'autant que...

— Je suis enceinte. »

Ce devait être tout chaud, car Gemma affichait encore une minceur à la limite du réalisme. Ne sachant pas s'il fallait la féliciter, je murmurais : « Une vie pour une mort... Merci d'avoir rétabli le grand équilibre démographique, Gemma. »

Au moment où je vis les larmes poindre, je fus désarçonné. Vite, lâcher une pique :

« Et ta copine est au courant, rassure-moi ?

— Oui. J'en avais également parlé à Maman. Pas sûr qu'elle m'ait entendue, tellement elle était shootée par les médocs.

— Et c'était donc pour ça, le séjour à Barcelone ?

— Oui, tant que la France en restera à l'âge de pierre... »

Graduellement, je comprenais mieux ce regain d'intérêt pour nos origines. Voyant Gemma glisser vers la tristesse, je dérivais vers davantage d'ironie.

« Je suis presque vexé.

— De l'apprendre après Maman ?

— Non, que tu partes en quête de potentiels parents éloignés, uniquement parce que tu as commencé à établir une liste de naissance, et réalisé que je n'aurais jamais les moyens pour y contribuer convenablement... »

Gemma me pinça le bras avec douceur.
« Si tu n'as rien de prévu, viens avec moi. Il est temps de retourner chez elle. »

3.

On aurait pu commencer à trier ses affaires plus tôt, mais une forme de superstition nous en avait empêchés. Ou l'ampleur de la mission... Livia avait tendance à accumuler toutes sortes de choses, dans des dizaines de boîtes cartonnées qu'elle alignait soigneusement dans de vastes placards, ce qui promettait un inventaire fastidieux.

Là aussi, on pouvait voir les contradictions du personnage. Elle donnait l'impression de se moquer des possessions matérielles, de n'éprouver aucun attachement pour rien ni personne, et pourtant elle ne jetait rien. « Je garde toutes les preuves, » nous disait-elle sur un ton mystérieux et menaçant. Et nous n'allions pas chercher plus loin.

Mon analyse paraîtra simpliste, mais je me

disais que sans ces petits morceaux de vie collectés, elle aurait parfois pu douter d'avoir réellement existé. Elle avait vécu par petites étapes, sans grand dessein, sans cohérence, comme en pointillés. En une année, elle pouvait goûter cent vies, ou n'en vivre aucune. À certains moments, savait-elle même qui elle était ?

Elle avait quitté mon père le jour de mes cinq ans (en introduisant la nouvelle par « Joyeux anniversaire »), déménagé aussitôt, et aligné les jobs de veilleuse de nuit en grande surface, ce qui limitait au maximum ses interactions.

Elle ne s'achetait pas grand-chose pour elle, préférant exaucer les caprices de ses enfants, tout en le leur reprochant d'être de vils consommateurs, pour qu'on ne la soupçonne pas de tendresse excessive. (« Je veux bien t'offrir un soutien-gorge, Gemma, mais de grâce fais des efforts, et tente de grossir un peu pour remplir tout ça. », « Un ordinateur, c'est une bonne idée Luca, mais si on veut optimiser ta réussite future, il vaut mieux qu'on investisse dans un seau et un balai, tu ne crois pas ? »)

Nous n'avions manqué de rien, et sûrement pas de railleries. Livia nous reprochait souvent de n'être pas assez délurés, pas assez rock'n'roll. Sa phrase fétiche : « Vous auriez dû faire davantage de vagues, vous qui avez grandi face à la mère déchaînée. »

Nous rentrions parfois dans son jeu, en nous prêtant parfois à l'exercice des saillies vipérines, pour la rendre fière. Mais sans grand talent, ni satisfaction, à part celle de s'inscrire un peu dans le sillage de notre mère. Elle était tout simplement imbattable.

Voyant que Gemma continuait le tri, un kleenex détrempé rivé aux narines, je m'approchais d'elle en feignant de la gronder :

« Gemma, voyons, un peu de tenue ! Tu te souviens ce que disait Maman à chaque fois que tu chouinais ?

— Oui. 'C'est fou ce que tu peux me rappeler ton père. T'aurais pas pu hériter de ma paire de couilles ?' »

Son visage se détendit, et reprit ses recherches.

Nous fûmes bientôt rejoints dans notre exploration quasi archéologique par Marie, ma future belle-sœur. Un clone de Gemma : même gabarit, mêmes obsessions vestimentaires. Petite taille, cheveux très courts, d'un noir électrisant, maquillage léger, peau laiteuse. Livia ironisait souvent, elle qui était grande, élancée, bronzée, avec une longue chevelure dorée, et une inclinaison à forcer sur le khôl et le rouge à lèvres : « Eh bien, il paraît qu'on cherche toujours un peu ses parents à travers sa moitié. Mais toi, tu as choisi l'exact opposé : c'est pas une mini Livia que tu nous as dégottée, mais une mini livide. »

Les petites boites en carton ne portaient aucune inscription pouvant révéler leur contenu. Ma mère savait évidemment où ranger quoi, mais il aurait été inconcevable qu'elle nous facilite la tâche. Après en avoir ouvert une cinquantaine, Gemma m'expliqua enfin :

« Je cherche des documents d'état civil. Il y a un point qui nous bloque dans les formalités pour le mariage. La mairie ne parvient pas à retrouver mon acte de naissance.

— Je vais aller m'en griller une sur la terrasse.

— Tu n'as pas eu ta dose de fumée aujourd'hui ?

— Bien joué. Votre mère l'aurait bien aimée, celle-là. Je viens avec toi » décréta Marie.

Sur le balcon, elle me chuchota :

« Gemma a appelé votre père, mais il a refusé d'assister aux funérailles.

— Au fond, il a toujours su ce qui faisait

plaisir à Livia...

— Quand ta sœur l'a engueulé, il s'est mis à vider son sac. Il a dit qu'elle l'avait forcé à mentir sur un tas de choses, qu'elle lui avait sans doute menti tout autant, qu'il ne savait plus à quoi accorder de crédit, et parfois qu'il doutait même que vous soyez ses enfants à lui. C'était d'une telle violence.

— Quand le sang bouillonne, on peut déverser une grosse couche de conneries. C'est ceux qu'on aime le plus qu'on blesse également le plus, parce qu'on connaît leur vulnérabilité. Il sait pertinemment que nous sommes ses gosses, et que Livia n'était pas ce genre-là, elle ne l'a jamais vraiment remplacé. »

Notre père n'avait jamais digéré la rupture, mais au fond de lui, il devait savoir que ma mère l'avait quitté pour ne pas totalement le détruire. Pour qu'il reprenne un peu de contenance, de dignité. Il l'avait aimée de façon trop servile et désespérée.

Nous retrouvâmes Gemma absorbée par un petit carnet en velours noir.

« C'est le *Death Note* de ta mère ? lui demanda Marie. S'il te plaît, dis-moi que mon nom n'était pas inscrit là-dedans.

— C'est notre livret de famille...

— On va enfin pouvoir faire avancer le dossier pour le mariage. Et tu vas avoir de la matière pour construire l'arbre généalogique. » Mais Gemma ne se montrait pas aussi ravie qu'on aurait pu l'espérer.

« Il y a un problème, chérie ?

— Rien ne cadre... Pour commencer, Livia ne serait pas née en Italie, comme on l'a toujours cru. Et alors qu'elle a toujours prétendu être née sous X, ici, on lit clairement les noms des parents : Fabio et Giulia Conti. »

4.

Livia Conti. Étonnamment, cela lui allait
à merveille, vu qu'elle avait passé son existence à
régler ses comptes.

« Et c'est fiable, ce machin ? demandai-je.

— À moins que votre mère n'ait fait partie
d'un programme de protection des témoins - ce
que j'aurais du mal à croire, vu son manque de
discrétion..., commença Marie avant que je ne la
coupe :

— Mais l'Administration, c'est bien connu
pour accumuler les erreurs.

— Quand tout était inscrit à la main, avant
que tout ne soit informatisé, c'était au contraire plus
précis, exact...

— Donc, tu traites notre mère de mythomane ? » lâchai-je.

Marie hésitait entre la volonté de me clouer le bec et sa prévenance à l'égard de Gemma. Sa bouche se tordait dans un mélange d'agacement et d'empathie pour la fratrie, dont l'équilibre cosmique venait d'être chamboulé. Les yeux toujours rivés sur le livret, ma sœur souffla : « Papa m'avait prévenue, et je n'ai pas voulu le croire. Si elle a menti là-dessus, Dieu sait sur quoi d'autre elle nous a roulés. »

Je n'étais pas d'accord. Pourquoi quelques distorsions des faits remettraient-elles en cause toutes les autres choses que notre mère avait pu affirmer au cours de sa vie ? Et quand bien même elle se serait bâti une légende, qu'est-ce que ça changeait, fondamentalement au lien qui nous avait construits ? Notre mère n'avait pas été un flot de paroles, elle avait été un déferlement de sentiments.

Surtout, un enfant ne remet pas en cause ce que lui dit sa mère. Même lorsqu'il la contredit ouvertement, il ne doute jamais d'elle en son for intérieur. La phase du 'non' ne dure jamais longtemps pendant l'enfance, car même quand les règles maternelles ne vont pas dans notre sens, elles ne tolèrent pas plus la contradiction que les lois de la physique. Les nier serait au mieux une injure à la raison, au pire un sacrilège. Car même dans les mensonges mortels d'une mère, il y a des vérités vitales, n'est-ce pas ?

Gemma allait passer en quelques minutes par toutes les étapes du deuil de ses certitudes. Le déni n'avait guère duré, et à cet instant, c'est la colère qui l'animait. Laquelle serait brève : Gemma disposait d'un corps trop petit pour receler trop de rage.

Vint la négociation. Elle se mit à chercher des explications, à rationnaliser. Œil faussement impassible, front légèrement plissé, comme si les dieux s'exprimaient à travers ses lèvres, elle lança :

« Quand elle s'énervait, ou quand elle était prise au dépourvu, c'est l'italien qui surgissait spontanément...

— Attention, le livret ne contredit pas ses origines, dit Marie qui lui avait arraché le document des mains. Il nous apprend seulement qu'elle n'est pas née là-bas. Vu que ses géniteurs sont siciliens, elle a inévitablement obtenu leur nationalité par droit de naissance. »

Gemma retomba lourdement sur le lit. On arrivait tout doucement vers le stade de la tristesse.

« Ce n'est pas une trahison, la consola Marie.

Les parents ont des tas de devoirs à l'égard de leurs enfants : les nourrir, les éduquer, les protéger, leur transmettre un demi-milliard de névroses pour les écarter du danger... Mais leur dire la vérité n'en fait absolument pas partie.

— Et malgré cette moralité douteuse, tu t'apprêtes à avoir un gosse avec elle ? » dis-je à ma sœur.

Marie me décocha un regard sombre avant de poursuivre :

« Il s'est passé des choses très difficiles pendant et juste après la guerre, et elle a forcément voulu vous épargner. N'allez pas vous figurer un grand complot... Vous avez connu la vraie Livia, ce n'est pas de petits écarts avec les faits qui vont faire s'écrouler tout le narratif. »

Elle avait raison. Et au moins le livret corroborait-il le prénom et la date de naissance de notre mère (le 22 juin 1949). Le mythe familial n'était pas totalement bâti sur un sable mouvant. Mais, quand bien même on s'invente un personnage, on ne peut pas non plus tout réécrire. Parce que la vérité trouvera un moyen de ressurgir. Toute fiction se bâtit naturellement sur des éléments réels, non ?

Le carnet nous apprenait que Livia venait

d'Ithaque. Une commune des Alpes-Maritimes :

« Ithaque, l'Italie : on n'est pas loin niveau sonorités. Et puis, l'arrière-pays niçois, ça a longtemps été un morceau de la Sardaigne. »

Alors que Marie étalait sa culture, pour montrer que le mensonge maternel était en fait une demi-vérité, Gemma pianotait nerveusement sur son téléphone à la recherche de la terre matricielle. Elle nous présenta le fruit de ses recherches :

« C'est tout petit, Ithaque. 81 habitants d'après le dernier recensement. Il y a nécessairement des gens qui se souviennent d'elle...

— Tu as trouvé des éléments sur les Conti ?

— Rien sur Nice-Matin, impossible de consulter des articles antérieurs à 1990 sur leur plateforme... Je vais devoir contacter les Archives départementales des Alpes-Maritimes et la mairie d'Ithaque.

— Vu l'heure, il faudra attendre demain pour qu'on te réponde.

— Je ne suis même pas sûre qu'ils nous donnent accès à distance. Manifestement, pour les Archives, il faut se présenter avec une pièce d'identité, et s'inscrire sur place.

— J'ai un tournage prévu dans la région, d'ici quelques mois. Je pourrai toujours y passer. »

Au moment de nous quitter ce soir-là, Gemma s'approcha doucement :

« Toi, tu pourras attendre, mais moi, je risque de devenir folle. J'ai décidé d'aller à Ithaque. Dès l'aube.

— Tu peux partir comme ça, du jour au lendemain ? Marie t'accompagne au moins ?

— Non, elle a plusieurs dossiers sur le feu. Mais j'avais droit à trois jours de congé pour deuil. Aujourd'hui, c'est déjà trop tard pour avancer, mais en cumulant avec le week-end, ça me laisse quatre jours pour faire l'aller-retour et passer suffisamment de temps sur place...

— J'ai compris. Je rentre préparer un sac, et tu te charges des réservations. On met les voiles à six heures du matin, si ça te va.

— Tu viens ?

— Je n'ai pas de tournage prévu, et comme je suis en indé, je n'ai de compte à rendre à personne.

— Merci.

— Tu croyais vraiment que j'allais te laisser seule braver le chant des sirènes ? »

Livia a toujours fait preuve de pragmatisme, et ce ne sont pas les événements de ces derniers jours qui vont remettre en cause sa façon d'appréhender l'existence. Toute sa vie, elle a suivi ce credo : certes, rien n'a de sens, mais tout s'explique. Les actions, même les plus illogiques, obéissent aux mêmes principes : toute action entraîne des conséquences, il n'y a pas de fumée sans feu. Dès lors, aussi surprenantes qu'aient été ses dernières heures, elle parvient à tout justifier.

L'extension du froid d'abord.

D'ores et déjà, la chambre d'hôpital n'avait pas de chauffage. Elle avait entendu une infirmière décréter que ce n'était pas la peine de gaspiller trop *d'électricité pour des patients qui ne s'en sortiraient pas. Elle ne s'en était pas formalisée, et avait frissonné courageusement dans sa chambre à neuf degrés, tout en reconnaissant les vertus de cette température qui favorisait l'engourdissement, l'hibernation. Des perspectives somme toute salvatrices pour contrecarrer ses insomnies trop fréquentes, et notamment pour prévenir la prise de poids. Elle ne bougeait plus beaucoup, et elle craignait que la solution déversée par intraveineuse ne vienne élargir son tour de hanches. L'approche de la mort n'exclut pas la coquetterie.*

Puis, le froid s'était intensifié. Une trentaine de minutes après avoir fait des adieux enthousiastes à la douleur qui avait broyé ses os pendant trois longues années, Livia avait ressenti une crampe. Foudroyante. Mais pas totalement désagréable. D'abord, dans le cou, puis sur tout le visage, et ensuite dans l'ensemble de ses membres inférieurs. Elle ignore d'où lui vient cette information, mais elle a désormais l'intuition fulgurante que son sang avait cessé de circuler et que ses cellules ne parvenaient plus à évacuer le calcium. Ses muscles avaient figé. Le début de la transcendance ?

Finalement, il y avait eu la morsure de fer, au fond de cette boite métallique dans ce qui semblait être un frigo géant. Elle aurait pu y rester jusqu'à la fin des temps. La congélation, c'était ça, le véritable antidestin. Le seul antidote à la putréfaction. Ce qui la transformerait presque en œuvre d'art. Et pendant qu'elle s'enivrait de cette atmosphère polaire, elle avait commencé à avoir des idées d'une profondeur quasi-métaphysique.

Mais le froid s'était contracté, comme pour mieux gifler sa vanité croissante, et la ramener à sa condition. Un simple bout de viande.

La chaleur s'était immiscée insidieusement. Il y avait eu un sacré boucan, elle avait perçu des voix familières, des sanglots. On l'avait pas mal secouée : en temps normal, elle aurait râlé. Ou du moins émis un râle. Mais la brûlure soudaine ne lui en avait pas laissé l'occasion.

Elle avait entendu en tirer son parti. Saisie, comme une délicieuse entrecôte – voilà qui lui conférerait une belle teinte dorée, comme une statue digne de vénération.

Mais la concentration des flammes ne lui avait guère laissé d'espoir : elle finirait totalement consumée. Elle regretta aussitôt d'avoir choisi la crémation, tout en se ravisant : mieux valait la morsure de l'incendie que celle des asticots. Et puis, cela aurait dû être la fin. Mais elle est là, toujours là.

Il n'y a pas vraiment d'horizon, tout est plongé dans une atmosphère grise, ouatée. Ce n'est pas inconfortable, c'est juste... d'un ennui ! Le fameux ennui mortel.

Libérée de son enveloppe, Livia reste dans l'expectative. N'ayant jamais cru à l'au-delà, elle n'a pas d'idée préconçue. Se remémorant de vagues notions, héritées de la littérature, elle considère les trois options qui se présentent à elle : Paradis, Enfer et Purgatoire.

Elle ne se projette pas dans un éventuel nirvana : son défaut de patience, de tempérance, de gentillesse ou de solidarité lui en ont à jamais fermé les portes...

L'Enfer, elle l'a déjà vécu au plus jeune âge. Que pouvait-il avoir de pire que cette tragédie familiale qui l'avait définitivement vaccinée contre l'humanité ? Perdre ses frères, sa mère et son père dans ses années fondatrices, tu parles d'une veine... D'autant que loin d'avoir suscité la compassion, elle avait été traitée comme une pestiférée.

Reste donc le purgatoire, mais elle n'y fera pas long feu, car elle n'a jamais éprouvé le moindre regret. Et ça ne va pas commencer aujourd'hui. Ce n'est pas à elle de se racheter, mais au cosmos tout entier.

Vouée à ses idées sombres, elle ne voit pas le surgissement de lumière se dessiner derrière elle. Ce qui l'intrigue, c'est cette voix familière, même voilée. « folle... aube... feu... deuil... avancer... »

*

5.

Les paysages défilaient à un rythme si infernal qu'ils m'hypnotisaient, tout en accroissant mon impatience et ma nervosité. Je parlais sans discontinuer à Gemma, pour rester conscient et vigilant :

« Je suis vraiment honoré que tu m'aies confié la mission de chauffeur, sincèrement... Mais n'aurait-il pas mieux valu prendre le train ? Pour être sûrs d'arriver en vie, je veux dire...

— Non, Ithaque est si mal desservie qu'on avait meilleur compte d'y aller dans la vieille Yaris de Maman...

— Tu réalises que c'est notre tout premier voyage familial dans le sud. Tous les trois. »

Livia tenait en effet les cendres de Maman dans une bouteille de gin tonic. De temps à autre, elle la soulevait en désignant un point vers l'horizon, comme pour lui permettre de mieux apprécier le paysage. Elle se tourna vers moi :

« Je me souviens avoir remué ciel et terre à l'âge de seize ans, pour que Livia m'emmène sur la côte méditerranéenne. Elle a trouvé toutes les excuses du monde, m'a prédit les pires calamités dermatologiques si j'exposais mon teint de vampire à la cruauté du soleil niçois... Je n'avais pas compris à l'époque, je m'étais figurée que c'était pour un motif financier non avoué, mais maintenant je crois qu'elle avait peur de se retrouver face à de vieilles connaissances. Tu crois qu'il lui est arrivé quelque chose de grave là-bas ? Comme un viol ou...

— On va éviter la dramatisation à l'extrême. Si ça se trouve, elle a seulement voulu rompre ses attaches avec un patelin pas assez digne à ses yeux. Elle pouvait se montrer tellement hautaine et arrogante, parfois.

— De là à nier tout son passé ?

— Il y a quelque chose de romanesque dans ce personnage d'orpheline combative qu'elle nous décrivait. Celle qui s'est construite toute seule, ne devait à personne son mérite. »

Nous étions partis aux premières lueurs, car nous avions prévu d'arriver en début d'après-midi.

Marie n'avait pas cherché à masquer sa contrariété :

« Je n'ai pas dormi de la nuit. À me représenter ma future femme, enceinte, vissée à la place du mort, pendant sept longues heures. Je connais tes talents de pilote, Luca.

— Si tu veux, je peux rouler plus vite, pour écourter le supplice.

— Surtout pas ! Quand bien même arriverais-tu à destination saine et sauve, Gemma, tu n'es pas sortie d'affaires. 72 heures dans un village qui ne connaît probablement pas les règles d'hygiène et l'eau courante. Plus de 2000 mètres d'altitude et des ravins à chaque détour de route. Sans oublier les risques de séismes et les tempêtes... Car oui, pendant que Madame dormait du sommeil du juste, j'ai écumé tous les Internets. Et vous vous ruez pile dans une zone de sismicité moyenne, qui a connu des orages destructeurs il y a à peine trois ans.

— Lady Wikipédia, scellons par un baiser nos adieux, se moqua Gemma.

— Tu sais ce qu'est un 'épisode méditerranéen de grande ampleur' ? La ville a connu des inondations et des coulées de boue telles que les autorités ont décrété l'état de catastrophe naturelle !

— Et elles n'ont pas encore rencontré Luca !

— Bon, je vous ai imprimé tout ce que j'ai trouvé sur Google. Tu pourras lire ça pendant la route, et prendre un peu d'avance sur votre enquête... Tu m'appelleras dès que tu le pourras ? »

Gemma n'avait rien promis, car elle se doutait que le séjour ne serait pas de tout repos. Marie m'avait tout de même fait jurer de ménager la future maman, en acceptant le moindre arrêt pour soulager son dos ou sa vessie. Je réalisais un peu plus concrètement l'arrivée d'une nouvelle vie au sein de notre petit cercle.

Retour dans la Yaris, déjà 35 degrés :

« Et alors, elle est intéressante la dissertation de ta copine ?

— 10/20. Bien documentée mais verbeuse et trop orientée. Elle s'est concentrée sur les données météo, l'hydrographie... et tous les dangers mortels potentiels.

— Ce qui sera très utile pour organiser le tournage du *biopic* de notre mère.

— C'est quand même étrange que nous n'ayons rien trouvé sur le net. Je conçois que les vieux articles de presse soient inaccessibles, mais il devrait au moins y avoir des occurrences du nom de Livia Conti quelque part. Ce n'était pas un fantôme.

— Moi, ça ne m'étonne pas. Elle a pris le nom de notre père avant l'ère des réseaux sociaux et de Big Brother... »

Gemma ne m'avait toujours pas exposé le déroulement de l'enquête :

« C'est quoi le plan ? On se sépare : toi à la mairie, et moi aux Archives ?

— Non, je préfère qu'on reste ensemble. Je suis à fleur de peau, je ne sais pas si je vais garder la tête froide. Je compte sur toi pour rester objectif.

— Bon alors, aujourd'hui, on se limite à Ithaque. Après sept heures dans la bagnole, pas envie de m'enfermer à nouveau pour consulter de vieux documents.

— D'accord. En contrepartie, demain, il faudra se lever tôt. La salle de lecture est à l'ouest de Nice, soit près d'une heure d'Ithaque, et elle ouvre à 8 heures 45. La première levée de documents débute un quart d'heure après.

— J'aurai le droit de filmer ?

— Ils acceptent les appareils photo pour les reproductions de documents. Je ne sais pas si tout ton barda de pro sera accepté... Mais attends, tu ne vas pas tirer un documentaire de tout ça ?

— Ce serait une idée... Au moins, pour nous deux. Et pour le bébé... Si nos découvertes ne sont pas trop rudes, il saura au moins d'où il vient.

— Merci de penser à lui. »

6.

L'arrivée de ce petit être n'atténuerait pas la perte de notre mère ; mais d'une certaine façon, il incarnerait un nouveau trait d'union. On pouvait craindre qu'avec le départ de Livia, le lien entre Gemma et moi se distende. D'autant que j'étais constamment en vadrouille, pour mon travail... Mais un nouvel ancrage commun dans ce monde, ce n'était pas rien.

« Tu crois que je serai une bonne mère ?
— Sans vouloir l'offenser, et nonobstant sa présence parmi nous dans cette jolie bouteille sur tes genoux... Livia n'a jamais cherché à mettre la barre très haut. Elle ne s'offusquera donc pas le jour où tu la dépasseras.

— Ce n'était pas un monstre.

— Pour nous, jamais. Pour nos anciens voisins ou nos enseignants, en revanche, c'est incontestablement un traumatisme. Combien de fois ont-ils menacé d'appeler les services sociaux ? C'était l'antithèse de la *mamma* gâteau. Protectrice, toujours - mais tendre, jamais. On s'en est mangé des tartes, et pas des sucrées.

— C'est un rôle, être mère. Est-ce que je vais devoir jouer un rôle ?

— Tu ne sais pas mentir ou dissimuler, rassure-toi. Après, ce sera intéressant de voir si tu trouves ton propre style, ou si par facilité ou atavisme, tu te mettras à calquer les mécanismes de Maman. »

Quelle part de Livia faisait réellement partie de notre caractère profond - et laquelle relevait de l'acculturation ? Et surtout, qu'avait-elle hérité de sa propre histoire ? Nous n'avions pas été des enfants battus, mais nous avions été gentiment secoués. Notre mère avait-elle connu les mêmes soubresauts, un amour à la rude ? Dans quelle mesure Luca et Gemma avaient, par ricochet et à travers les âges, reçu les gifles de Giulia et Fabio ?

Gemma reprit :

« Parfois, j'ai peur que sa pugnacité nous fasse

oublier tout le reste : sa générosité disproportionnée, son dévouement maladroit pour nous. Qu'elle devienne une espèce de mythe, qu'on amplifiera pour lui donner plus de couleur, plus de saveur, plus de matière. Quand j'en parlerai à mon enfant, adoucirai-je le portrait de Livia, ou grossirai-je le trait ?

— La grande histoire se raconte à travers toutes les petites. Ce sont toutes les petites anecdotes que tu choisiras de raconter ou de taire...

— On a le choix. Les réunions de parents d'élèves où elle séduisait les papas, en particulier ceux qui portaient une alliance. Ou ses retours de nocturne, où elle nous sortait du lit avec un savant mélange de cris et d'odeur de cigarette...

— Si je dois choisir mon moment préféré, c'est la fois où elle est allée menacer ta première petite copine parce qu'elle t'avait brisé le cœur. Tu chialais parce que tu pensais que l'une finirait en prison et l'autre à la morgue, mais moi, je me marrais bien. Et elle aussi.

— Tu crois qu'à notre retour d'Ithaque, on connaîtra mieux la vraie Livia ?

— Tout dépend du temps qu'elle aura passé là-bas... Déjà, Maman vue à travers tes yeux ou les miens, ce n'est déjà pas la même personne, et dans les deux cas, ce n'est qu'un reflet déformé. Cela reste une maman relative, qu'on va continuer à réécrire, à transformer, à trahir chaque jour davantage, et qui deviendra peu à peu un personnage de fiction, toujours plus loin de sa véritable essence... Tiens, en parlant de ça, il va falloir qu'on s'arrête faire le plein. »

Je fus plus silencieux pendant le reste du trajet. Le flou du paysage avait perdu sa dimension hypnotique ; mon cerveau avait à nouveau basculé en mode analytique. On passe sa vie à lutter et construire des choses, mais au final, nos actes et nos paroles ne compteront jamais autant que l'image que les gens se font de nous. Un portrait des moins fiables.

C'est de toute évidence ce qui m'avait poussé à devenir cameraman : la volonté de capter les choses telles qu'elles étaient, en utilisant aussi peu de filtres que nécessaire. Bien sûr, il y aurait toujours des réalisateurs pour triturer le matériau, transformer les rushes à grand renforts de montage et de musique. Mais j'aurais, au préalable, tout fait pour capter la réalité d'un lieu, une époque, une vie.

Ma sœur épluchait les impressions de Marie, dans un état de concentration intense, qui ne parvenait pas à endiguer quelques larmes fugitives. Il fallait chasser sa détresse et la mienne, en retournant à des considérations plus matérielles :

« Tu as réservé quel type d'hôtel ?

— C'est une commune minuscule, sans réelle capacité d'accueil. Pas un coin touristique... J'ai pu trouver deux lits dans le seul gîte du coin. C'est quasiment une ferme-auberge, et c'était inespéré qu'ils acceptent de nous héberger à la dernière minute... Honnêtement, je ne me serais pas vue faire des aller-retours intempestifs entre Nice et Ithaque.

— Tu es prête pour ce qu'on va éventuellement découvrir ?

— Tu as dit tout à l'heure que Maman deviendrait de plus en plus un personnage de fiction. Mais si on découvre le secret des origines, on va au contraire toucher au plus près de la vérité. C'est ce qui me rassure, ce qui me motive. Au fond de moi, je m'étais toujours dit que pour être aussi fantasque et pessimiste, elle avait dû vivre des événements très durs. On a enfin l'occasion de faire tomber la carapace qu'elle s'était construite couche après couche...

— Moi, je l'aimais, ce personnage. »

Je compris à cet instant pourquoi je ne partageais pas l'impatience de Gemma. Ce personnage que j'aimais, je ne voulais pas la perdre une seconde fois.

7.

On revient toujours au lieu de ses origines. Tel était en filigrane le message de l'Odyssée. Mais si l'Ithaque légendaire était ce paradis qu'Ulysse avait tenté de rallier contre vents, monstres et marées, celle des Alpes-Maritimes était sa parfaite antithèse. Un lieu abandonné, où même la végétation paraissait avoir renoncé.

« Livia n'était donc pas la seule à avoir déserté sa terre natale. Comment on peut en arriver à ce degré de désolation ? » lâchai-je à Gemma.

Le contraste avec Nice, que nous venions de traverser, était saisissant. La cité des anges portait bien son nom : protégée par les monts amoureux, courtisée par les flots caressants et cuivrée par un soleil intarissable, scintillait une perle, dont la perfection n'était pas liée à son immanence, mais à la vie qui n'avait cessé d'en faire battre le cœur. Ithaque, elle, pourrissait sous un air vicié, et même la lumière céleste semblait ne vouloir que sa mort. La commune avait été fixée dans les années 1950, comme condamnée par une malédiction.

Notre hôte, qui constata notre stupeur (ou notre dégoût, à en juger l'expression de Gemma), se sentit obligé de commenter :

« Ithaque a beaucoup morflé pendant la guerre, et on pense tous qu'elle ne s'en est jamais remise... Je vous conseille d'en parler avec l'instituteur, qui est un peu la mémoire des lieux. Il va vous faire la totale, du Débarquement à l'Épuration. Il est persuadé qu'Ithaque a été punie.

— De quoi ? demanda ma sœur.

— C'était le fief d'un des entrepreneurs qui a bâti le mur de la Méditerranée.

— Il va falloir nous éclairer, parce que ça n'a visiblement jamais été relayé par nos manuels d'Histoire.

— Vous avez entendu parler du mur de l'Atlantique ? C'est le même principe. Des fortifications pour empêcher l'arrivée des Alliés.

— Ce n'est pas aux enfants de payer les erreurs de leurs parents.

— Vous prêchez un convaincu. »

De prime abord, Claude Bouillon me faisait l'effet d'un honnête homme. Il aurait pu nous vanter les mérites de son village, mais s'en tenait à une forme de réalisme résigné tout à fait appréciable.

« Et vous avez souvent des visiteurs ? m'enquis-je.

— Trop peu. Mon grand-père était fermier ici. Apiculteur, pour être précis. Et puis, les abeilles ont disparu du jour au lendemain. Ma mère a proposé de partir pour Grasse, mais mon père a refusé. Il a acheté deux vaches, trois brebis, et c'était bien suffisant pour couvrir les besoins du village. Quand j'ai rencontré ma femme, elle voulait à tout prix ouvrir une auberge, et j'ai cédé, sinon elle se serait taillée... Du coup, elle s'occupe en faisant un peu de décoration, elle change la disposition des meubles quatre fois par an. Mais il n'y a presque personne pour le voir...

— Le gîte ne fonctionne pas même l'été ?

— Avec ce soleil de plomb ? Vous rigolez... Non, c'est surtout quand les enfants du village viennent rendre visite à leurs vieux parents. Ils préfèrent ne pas crécher chez leurs ancêtres, car les habitations ont presque toutes l'odeur du moisi... Mais pas chez nous, parce que Pauline, elle a un nez très sensible, et elle dépense des fortunes en huiles essentielles dans les deux chambres. Vous savez, elle a travaillé dans une parfumerie. C'est là que je l'ai vue pour la première fois, je cherchais un cadeau pour ma mère, et sans crier gare, bam, coup de foudre ! »

Il ne fallait pas se fier aux airs de taiseux de Claude. Une fois qu'il avait ouvert le robinet, il était illusoire de l'interrompre. Gemma affectait un intérêt poli :

« Alors, on est vos premiers vrais touristes ?

— En quelque sorte... C'est pour un pèlerinage ?

— En quelque sorte. » répéta-t-elle, sans l'once d'une méchanceté. Ce qui incita Claude à poursuivre :

« Je me doutais bien que vous étiez venus pour le sanctuaire de la Madone.

— Comment ça ?

— Oui, vous êtes venus pour obtenir une bénédiction avant votre mariage... »

Je manquai de m'étouffer. Le moment était venu pour moi de participer à la conversation :

« Qu'est-ce qui vous fait croire ça ?

— Vous avez réservé deux chambres, vous ne

faites pas encore lit commun. »

Éclats de rire :
« Ah non, du tout, on est frère et sœur... »
On ne pouvait blâmer le pauvre bougre pour sa confusion. Physiquement, ma sœur et moi étions l'ombre et la lumière. L'année de mes quinze ans, j'avais poussé comme un cyprès bâtard (vite et sans harmonie), ce qui me donnait des airs de géant déséquilibré, et en sa présence, accentuait son tout petit gabarit, que je privais encore plus de soleil. J'avais également hérité des traits, du teint hâlé et du blond vénitien de Livia, pour encore mieux inscrire ma différence avec Gemma. En se figurant que nous étions un couple, Claude avait dû nous trouver très mal assortis. Ou très complémentaires.

Je relançai son exposé touristique :
« Ceci dit, qu'est-ce qu'il a de spécial, votre sanctuaire ?
— Si vous croyez en ces choses-là, c'est une petite chapelle qui a été bâtie pour remercier la Vierge d'avoir épargné des marins, il y a de cela plusieurs siècles. Mes parents disaient qu'il y avait eu plusieurs miracles...
— Notre venue en soi, c'est un petit miracle. »
Cela ne parut pas amuser Claude. Il poursuivit

imperturbable :

« Mais c'est vrai que les rares pèlerins font toute l'ascension à pied, sur le chemin d'oliviers. Quasiment une trentaine de kilomètres. Et puis ils repartent... Mais vous, vous êtes venus en voiture.

— Je ne peux pas faire trop d'efforts, je suis enceinte, précisa Gemma, comme si elle tenait à s'excuser.

— Mes félicitations, alors... Ici, il n'y a pas eu de naissance depuis des lustres. N'en parlez pas à ma femme, ça risque de lui donner le chagrin... On a essayé, on n'a pas réussi... Mais pourquoi le papa n'est pas venu avec vous ? »

Effectivement, le village était muré dans le passé. Je volai au secours de ma sœur :

« Oh, il doit être en train de bronzer sur une plage de Barcelone.

— C'est curieux, mais soit.

— Notre démarche est très personnelle, indiqua Gemma. Nous venons de perdre notre maman, et elle serait originaire d'ici. »

Claude retira sa casquette, avec une immense compassion.

« Vous m'en voyez sincèrement désolé.

— De notre deuil ? Ou de son passage par ici

? Car dans ce cas, nous vous prions d'accepter nos excuses, avec bien du retard. »

Ma tentative de détendre l'atmosphère échoua lamentablement. Claude nous affirma que sa mère à lui était son centre de gravité, et qu'il n'envisageait rien de pire que de la perdre. Il demanda prudemment :
« Et votre maman... je la connaissais ?
— Elle devait avoir une vingtaine d'années de plus que vous. Elle s'appelait Livia Conti, et avait des origines siciliennes.
— Le nom ne me dit vraiment rien. Il n'y a jamais eu beaucoup d'Italiens par ici, contrairement à Nice. Alors, je me serais souvenu d'elle... Elle a dû déserter Ithaque, comme tous les autres. Je vous propose de rentrer vos affaires, et ensuite, si vous êtes d'accord, je vous conduirai chez l'instituteur. Il ne tient plus en place depuis qu'il est au courant de votre venue. Il aura sûrement des tas de choses à vous raconter. »

« *Mes gosses ont une tendance naturelle à fourrer le nez où il ne faut pas... à savoir : dans la merde* », se dit Livia. Mais là d'où elle est, elle ne voit pas grand-chose, et même les sons sont encore trop étouffés. Est-ce qu'elle aura le temps de s'acclimater ? Ou lui faudra-t-il se tourner vers ce surgissement de lumière qu'elle feint de dédaigner ?

Livia a, étonnamment, des souvenirs très nets d'Ithaque. Ils ne forment pas un tout cohérent ou harmonieux, mais ces fragments recréent une mosaïque pleine de reliefs et d'angles saillants.

Il y a la saveur du premier abricot, cueilli au sommet de l'arbre, pas même rincé ou essuyé : le choc des dents de lait sur le noyau, le jus sucré qui coule de chaque côté de son menton mais qu'elle ne prend pas la peine d'essuyer, la chair âpre cotonneuse et fluide, les guêpes qui tentent d'en grapiller un morceau...

Il y a la chute du haut du muret. Trois bons mètres (ou deux, tout est relatif), les mains qui battent dans le vide comme pour ralentir la descente ou pourquoi pas, s'envoler. Le contact avec la terre battue brûlante, le claquement du menton sur un gros caillou orphelin, l'impression que la douleur vous assomme, la peur encore plus grande de la râclée qui s'ensuivra. Le petit filet de sang qui tâche le col de la blouse, la décharge fulgurante de l'alcool à 90° sur la blessure, la compresse appuyée avec conviction (et plausiblement un peu de sadisme) par sa maman, le pansement rugueux qui se décolle aux mauvais endroits, les picotis de la cicatrisation, le retour en haut du muret pour prendre sa revanche.

Et le chien des voisins. Il s'appelle Pétain. Et ça fait marrer tout le village, car quand il aboie trop fort, tous crient « Ta gueule, sale bâtard ». Livia aime ce petit animal tout déformé, et ne comprend pas pourquoi son grand frère prend un malin plaisir à lui flanquer des coups de pied au derrière. Un jour, elle a dit « J'aime beaucoup Pétain » et Babbo lui a donné des coups de martinet.

Et aussi, le marché. Il y a toujours beaucoup de monde, et le plaisir de Livia, c'est de lâcher la main *de Maman, pour aller voir les cocottes, les lapins et le coin des sent-bon. Car ce qu'elle aime par-dessus tout, c'est la petite frayeur que crée cette séparation. Elle sait que viendra le temps de la panique, quand elle se retournera et ne verra plus la robe de Giulia, quand elle s'interdira de l'appeler pour ne pas souligner son écart de conduite, quand elle rebroussera chemin et se perdra dans la foule, et surtout quand elle retrouvera la main chaude et ferme.*

Chaque jour est une découverte, chaque jour dessine un millier de souvenirs, qui vous marquent comme un tatouage. Et souvenirs sur souvenirs, tatouages sur tatouages, tout devient illisible et grotesque. Mais on ne choisit pas, c'est comme ça.

Ithaque est très belle, pleine de vie. Les gens ne parlent pas, ils chantent : c'est à cause de 'l'assent', lui a expliqué Gianni son plus grand frère. Et de 'l'assent', Babbo et Mamma en ont à revendre. Ils ne sont pas nés ici, et leurs paroles sont encore plus suaves, plus détonantes. Ezio les corrige souvent quand ils s'expriment : il sait toujours tout, il parle comme un livre, et tout le monde dit qu'il sera maître d'école plus tard. Babbo n'aime pas trop quand il reprend les gens en public, « c'est humiliant ». Mais Mamma, elle, elle est fière de son aplomb : « écoute, comme il leur donne des leçons de français, le petit Sicilien ».

Livia aime le côté intrépide de Gianni, mais elle déteste la brutalité d'Ezio quand il lui parle. Il ne la frapperait jamais en revanche. C'est Carmine, le petit boxeur, qui lui tire les cheveux, lui mord la pointe des oreilles, et lui vole ses pommes. Pas surprenant qu'elle passe le clair de son temps avec Mattia et Giosué, les jumeaux, qui la protègent. Mamma les appelle les triplés, tant ils se ressemblent, et comme Livia est arrivée sept mois après eux, c'est un peu comme s'ils étaient nés ensemble.

La naissance, Livia ne s'en souvient pas. Mais Papa lui a souvent raconté que c'était sa plus grande surprise. Mamma ne savait pas qu'elle avait encore un bébé dans le ventre, et un jour, elle a eu si mal au ventre que Babbo a cru qu'elle allait mourir. Ils avaient appelé le docteur et le curé, en même temps, on ne savait jamais. Et puis, Livia était arrivée, « minuscule comme une fève ». Fabio était heureux d'avoir enfin une fille, mais Giulia était restée au lit pendant un mois, sans regarder le bébé. Ça, c'est Ezio qui le lui avait dit.

« Elle t'aime moins que nous, notre mère » avait-il ajouté. Et Gianni lui avait tordu la main, jusqu'à ce qu'il promette de ne plus jamais répéter cela. Livia avait été triste, mais pas étonnée. C'est vrai que Mamma fixe ses cinq fils avec une joie sans pareille. Elle ne les gronde jamais, alors qu'elle ne pardonne rien à la plus petite. Mais ce n'est pas grave, car elle, elle a Babbo. Babbo qui l'adore pour deux. Babbo qui l'appelle 'Tesoro'.

Ils sont huit, et ensemble, ils sont forts. C'est dans leur petite maison, le soir tombé, que Livia se sent le mieux.

Parce qu'en dehors, elle ne sait pas toujours sur quel pied danser. Il y a des gens très gentils qui lui disent combien elle est belle, et qui donnent même des pièces à ses frères (« pour aider votre maman à vous nourrir »). Et qui remercient Babbo d'être là pour eux. Parce que Babbo porte son cœur sur la main, il peut s'enlever le pain de la bouche pour vous le donner, et si l'orage frappe au beau milieu de la nuit, il fait le tour du quartier pour prêter son aide...

Mais il y en a aussi pour cracher sur le passage de Mamma, la traiter de 'macaroni', lever les mirettes au ciel. Ils l'appellent la traînée, mais Livia ne l'a jamais vue à terre, tirée malgré elle. Les adultes sont bizarres parfois. Pourquoi le poissonnier l'appelle 'Mussolina', ça, elle ne l'a jamais compris. Quand, un jour, elle a demandé à Ezio qui sait tout, de lui expliquer, il a répondu « Mieux vaut ça que d'être une frisée ». Alors Livia ausculte chaque matin ses

63

cheveux en espérant qu'ils restent à peine ondulés.

Souvenirs sur souvenirs, tatouages sur tatouages, tout devient illisible et grotesque. Mais il y a des choses qui trouvent leur sens, plus tard. Le jour de Noël, elle a entendu Mamma dire : « Ce sont des fasulli, des faux-culs. Ils sont bien contents de faire appel à nous pour reconstruire leur pays, mais pour eux, on reste des étrangers ». Babbo lui a répondu : « Tu ne peux pas dire ça, c'est notre nouvelle terre, maintenant ce sont nos frères. Legati con noi. »

Et Maman a répliqué : « Legati contro noi. »

*

8.

Ma scolarité avait été un mélange de chaos et de neurasthénie, où des déferlements de stress mal géré parasitaient le moindre apprentissage. J'aimais la connaissance, mais pas son évaluation. Le savoir me paraissait une richesse immense, et sa restitution par mes soins, une forme fatale de trahison et d'amoindrissement, qui ne pourrait que vexer mes enseignants...

Oui, cela bien sûr, et ma peur panique de déplaire ! D'aucuns vous diraient que j'essayais de contrebalancer l'animosité qu'inspirait ma mère, en me rendant aimable ou admirable de tous. En grandissant, j'apprendrais à me libérer du regard des autres, aussi et surtout parce que mon métier ferait de moi celui qui observe, et non celui qui est observé.

Tous ces petits traumas de l'enfance expliquent pourquoi j'appréhendais la rencontre avec l'instituteur sans grand enthousiasme.

Mais Claude – qui nous avait déposés en vitesse pour mieux préparer notre installation – ne nous avait pas menti : le maître d'école semblait aussi excité que le matin de Noël : « La famille Conti ne s'est pas éteinte, vous voilà. » Le jeune homme prénommé Maxime nous scrutait, Gemma et moi, comme si nous étions deux insectes rares qu'il s'apprêtait à capturer.

Il poursuivit :

« C'est le genre de légende qui vous donne des frissons, que l'on se raconte de génération en génération, pour mettre à l'épreuve le courage des plus petits... Fabio et Giulia Conti.

— Claude n'en a pourtant jamais entendu parler.

— Vous m'en voyez étonné. Ça fait plus de 70 ans, et certes, il n'était pas né, mais il en a assurément entendu parler. »

L'enseignant nous proposa de visiter l'école – deux petites salles, où la technologie avait raté (ou renoncé à) son implantation. Vieilles cartes de

France dévorées par les poissons d'argent, bancs en peuplier avachis par des générations d'agités, ardoise tellement rayée qu'elle lançait un défi à la lisibilité : tout participait d'un voyage dans le temps au cœur de l'arrière (pour ne pas dire arriéré) pays niçois.

Il nous expliqua comment il était arrivé à Ithaque : « C'était ma première affectation, je n'ai pas eu le choix, je n'ai pas eu de chance sur ce coup... Ici, il n'y a que sept écoliers : ce sont ceux qui n'ont pas pu s'inscrire dans les communes voisines, ou les enfants de familles sans le sou qui ont dû fuir Nice pour bénéficier des tarifs dérisoires de l'immobilier ici. Du coup, cela me laisse beaucoup de temps. J'ai épluché tous les registres à la mairie, et tous les articles de Nice-Matin que j'ai pu trouver aux Archives. Un jour, j'écrirai un livre sur Ithaque. Il y a un peu de matière... Reste à savoir si je vous serai utile. »

Maxime avait tout l'air d'un brave gars, bien qu'un peu trop érudit pour apprendre l'alphabet et les mathématiques à sept enfants, mais il allait se révéler d'une aide capitale... pour que le projet de Gemma ne s'éternise pas, et que je puisse rentrer au plus vite chez nous.

« Vous en savez plus que nous, le rassurai-je.

Nous n'avons appris l'existence de votre bourgade qu'hier, et notre mère ne nous a jamais dit qu'elle était originaire d'ici.

— Merci pour le temps que vous nous consacrerez, renchérit Gemma. Je suis partagée entre le bonheur de bénéficier de vos lumières... et la crainte de ce que nous allons découvrir grâce à vous. Et très sincèrement, votre entrée en matière nous a fait redouter le pire, Maxime.

— Dans ce cas, je vous propose de vous assoir, dit-il. Ça risque d'être... très perturbant. »

Votre dévoué narrateur vous épargnera la description risible de trois adultes tentant de se poster sur trois chaises beaucoup trop minuscules et fragiles. Mais si un jour, notre histoire venait à être adaptée à l'écran, c'est une scène qu'il faudrait retranscrire, seconde par seconde. Le moment de *comic relief*, pour adoucir l'atmosphère tendue que le récit de Maxime instaurerait :

« Giulia et Fabio étaient une famille de Siciliens débarqués en Provence juste après la libération de Nice. Notre pays avait un besoin désespéré de main d'œuvre. Et beaucoup d'Italiens ont saisi l'opportunité. De racheter leur image aux yeux de l'Europe et se dissocier du fascisme. Et de fuir une terre ravagée pour offrir un avenir radieux à leurs enfants... Et question enfants, vos grands-parents avaient déjà composé une petite tribu. Tout le monde dans le village fut frappé quand Fabio est arrivé avec un petit garçon sur chaque épaule, suivi par Giulia qui avait du mal à marcher car elle était déjà enceinte du troisième. »

Gemma était stupéfaite :
« On a donc des oncles ?... C'est troublant de vous entendre raconter cela, comme si vous les aviez rencontrés, comme si vous aviez fait partie de leur entourage.
— J'ai toujours été passionné d'Histoire, et mon métier, c'est un peu transmettre les faits comme si je les avais vécus moi-même... Et puis, il n'y a pas tant d'anecdotes aussi riches que celle-là dans le folklore local... »

Maxime vit aussitôt qu'il avait été maladroit :
« N'hésitez pas à me dire si je vais trop loin... J'ai encore trop de recul par rapport à cette histoire, alors que vous deux serez automatiquement touchés dans votre chair.
— Et vous avez les prénoms des enfants ? poursuivis-je.
— Il y en a eu six au final. Je vais vous montrer mes notes pour ne rien oublier, » dit-il en allumant

son ordinateur portable.

J'aurais souhaité pouvoir communiquer par télépathie avec Gemma, qui nourrissait des espoirs plus grands de seconde en seconde. Je lui aurais dit : « Ne t'emballe pas. Je sais que tu te vois déjà hériter de toute une smala, mais il a bien dit que l'affaire était sordide, qu'elle flanquait la chair de poule. Donc, protège-toi. »

Maxime précisa :
« Les aînés s'appelaient Gianni et Ezio. La famille Conti a finalement pris racine à Ithaque, et au cours des années qui ont suivi, ils ont eu trois autres fils... Carmine, Mattia, Giosué... Et une petite fille, Livia.

— Il fallait bien de quoi s'occuper avant l'arrivée de la télé, déclarai-je... Non mais plus sérieusement, ils ont dû passer pour des envahisseurs.

— On fera le tour des articles de presse, si vous voulez des détails et des photos, mais je préfère vous dire très vite pourquoi la famille a marqué les esprits. Votre grand-mère aurait assassiné tous ses fils. »

Et là, Gemma éclata de rire. Maxime faillit

tomber de sa chaise, absolument décontenancé. Le grand frère vint à la rescousse :

« Ne vous inquiétez pas. Elle réagit toujours comme ça aux pires nouvelles. Quand elle a raté son bac. Quand ma mère lui a annoncé son cancer. Quand le médecin nous a dit qu'elle était morte. C'est nerveux. Et puis, vous allez voir, trois, deux, un... »

Et Gemma fondit en larmes, qui broyèrent le cœur du professeur. Il lui tendit un mouchoir, et me prit par le bras pour m'emmener au fond de la salle.

« Je n'ose pas continuer...

— Il le faudra bien. On n'est pas venus jusqu'ici, pour rester aux portes de la vérité.

— Mais elle est enceinte : si elle ne nous fait pas un malaise là tout de suite, elle va en nourrir des cauchemars pendant toute sa grossesse... »

Il me toisa un instant.

« Vous n'avez pas l'air choqué. Ou attristé.

— Cette histoire me donne déjà la gerbe. Mais si je m'effondre, elle va se sentir obligée de tout garder pour elle. Vous connaissez le principe des vases communicants ? »

Il acquiesça, et nous retournâmes nous asseoir.

« Si vous voulez, Gemma, on peut s'arrêter là, et nous revoir demain.

— Non, c'est bon. Sinon, je vais visualiser le pire toute la soirée.

— En même temps, est-ce que ça peut être pire ? demandai-je.

— Hélas, oui ! » souffla Maxime.

9.

« C'était le jour de l'Ascension. Le village avait pour coutume d'organiser une procession jusqu'au sanctuaire, puis un grand banquet qui se terminait à l'aube. C'était l'occasion de recréer du lien dans une société fracturée, et tout le monde, sans exception, y participait. Le maire et le prêtre y veillaient tout particulièrement. »

Maxime tourna l'écran de son ordinateur vers nous.

« Voici une photo des célébrations, avant la macabre découverte. Elle a été publiée dans le journal daté du samedi 24 mai 1953. Le drame avait eu lieu dans la nuit du jeudi au vendredi, et le temps que l'information parvienne à la rédaction de Nice, et que la photo soit développée, il y a eu un petit laps de temps tout de même. »

La photographie montrait une vaste tablée avec une centaine de convives. Difficile de croire que l'Ithaque désolée que nous venions de traverser avait, il y a moins d'un siècle, grouillé de vie.

« Vous pouvez y voir le visage de vos aïeux. La légende indique où se situent Fabio et Giulia », il les désigna de ses index gauche et droit, car le couple était distant.

« Chacun de son côté. Ils n'avaient pas l'air soudés, nota Gemma.

— Ne vous y trompez pas. Les hommes et les femmes ne se mélangeaient pas... Quoique, Giulia semble vouloir faire bouger les lignes : elle empiète presque sur le territoire des hommes. »

Maxime entreprit de zoomer pour que Gemma et moi puissions faire connaissance avec nos ancêtres. Ce que la photo perdait en netteté, au fur et à mesure que les pixels grossissaient, elle le gagnait en émotion.

Le sourire de Fabio frappait par sa sincérité désarmante. Le noir et blanc ne permettait pas de distinguer la teinte de ses iris, mais on les devinait du même bleu perçant que ceux de Livia. Coupe à la brosse, fine moustache, débardeur blanc : son apparence générale ne le démarquait pas des autres hommes sur la photo.

Giulia, en revanche, détonnait dans cette marée humaine. Les autres épouses gardaient le front légèrement baissé, dans une forme d'humilité - sincère ou affectée -, mais elle ne s'excusait pas d'être là, et ne feignait pas la modestie. Elle irradiait. Le menton bien droit, les épaules souveraines, elle défiait presque le photographe. « Rends hommage à ma beauté, ou prends garde à toi. » Sa chevelure était bien plus longue, et elle ne portait pas le fichu que la majorité des femmes arboraient. À ses côtés, dépassant à peine du plateau de la table, une petite frimousse la contemplait avec vénération... Il n'y avait pas beaucoup d'enfants sur la photo, (trop timides pour poser ? ou occupés à quelque jeu bien plus important ?), mais la petite fille qui admirait Giulia, avec une fierté incommensurable, c'était une version embryonnaire de Livia.

Gemma poussa un léger cri, que Maxime interpréta comme de l'admiration :

« C'est vrai qu'elle était très belle, votre grand-mère.

— Et elle ne semblait pas à sa place... dis-je. Que s'est-il passé exactement ?

— Le journaliste explique qu'aux alentours

de 23 heures, les parents se sont mis en quête des plus petits pour les coucher... Vos oncles et votre mère manquaient à l'appel, et Fabio a fait le tour des granges pendant plus d'une heure. C'est dans une ferme à l'entrée du village qu'il les a découverts. Livia n'était qu'endormie, mais les cinq garçons avaient été... égorgés. »

Je ressentis un début de vertige.

« Et la responsabilité de Giulia, dans tout ça ? s'enquit Gemma, qui se montrait désormais la plus forte de nous deux, par le fameux effet de vases communicants que je décrivais plus tôt à Maxime.

— Il n'en est pas encore question dans cet article. Vos grands-parents y sont identifiés comme la famille des victimes. Le bonheur avant la tragédie, vous savez que les journalistes aiment bien ce type d'orientation... Non, il faudra attendre une bonne semaine avant que les soupçons ne se portent sur la mère. »

Je scrutai le visage impérial de Giulia. Forte, elle l'était assurément. Mais violente, cela m'était inconcevable. Livia, Gemma et moi avions cette forme d'assurance et de défiance dans le regard, mais jamais n'avions-nous fait preuve d'une brutalité aussi extrême. La tentation du meurtre, c'était forcément instinctif, animal ; si cela avait existé dans notre sang, cela se serait également manifesté dans sa lignée...

« Comment s'est passée l'enquête ? poursuivit ma sœur.

— Fabio s'est écroulé très rapidement. C'était un homme volontaire mais affable, et sa famille représentait tout son monde. Il tenait le coup pour Livia, jusqu'à ce que ses nerfs lâchent. Il a été hospitalisé assez rapidement... Giulia, elle, a tenu le choc, mais elle s'est emmurée dans le silence. C'est ce qui a orienté les soupçons vers elle.

— Sa résistance ou son mutisme ?

— Déjà, le fait qu'elle ne s'effondre pas a choqué les villageois. Perdre cinq fils, vous vous rendez compte ? Selon toute logique, elle aurait dû basculer dans la folie. Se fissurer, voire mourir sur le coup. Mais non, elle n'aurait pas versé une seule larme.

— Elle a dû pleurer, mais pas en public. Notre mère était comme ça.

— Quand Fabio a découvert les corps, elle n'était pas loin. Et quand il s'est approché d'elle, on raconte qu'elle l'a repoussée et qu'elle s'est enfuie...

— Et ça prouverait quoi ?

— Certains racontent qu'elle aurait quitté

le village, si elle n'avait pas été rattrapée par le propriétaire de la grange.

— Mais ça ne veut absolument rien dire. Elle a pu fuir l'horreur de la scène, ou partir vomir. Ou peut-être tout simplement qu'elle ne voulait pas de l'étreinte de son mari à cet instant-là. Parce que face à la plus grande douleur de sa vie, elle ne pouvait pas supporter l'idée d'être réconfortée... Enfin, je ne sais pas. Rien de tel ne m'est jamais arrivé. Mais si j'avais été elle, j'aurais eu envie de tout casser. Et je serais partie en trombe pour trouver le responsable et...

— Oui, je pressens qu'elle savait qui a fait ça, et qu'elle était partie se faire justice. » Je venais enfin de reprendre mes esprits et la parole.

Maxime commenta ma théorie : « Quoi qu'il en soit, même si elle pensait à un coupable en particulier, elle ne l'a jamais dénoncé. Elle n'a plus jamais ouvert la bouche. Le jour de son arrestation, on raconte qu'elle a glissé quelques mots à sa fille. Ensuite, de son incarcération à son procès, de la prononciation de sa condamnation à la fin de sa vie en prison, elle n'a plus parlé à quiconque... Enfin, si. Il paraît qu'elle a écrit un message à sa fille, le jour de sa mort. Quatre mots en italien, d'après l'une de ses compagnes de cellule. Mais on ne saura jamais lesquels.

     — À moins qu'on ne retrouve cela dans les affaires de Maman. Je n'ai pas fini de tout exhumer... » dit Gemma.

10.

« Donc, reprit Gemma, même si ce n'est pas elle qui a commis le crime, le fait qu'elle demeure mutique a laissé le champ libre au coupable.

— Voilà... Mais c'est aussi d'une beauté ultime, cette réaction. Se taire, c'est une façon de mourir au monde, mais sans l'exutoire d'une vraie mort. J'y ai toujours vu une forme de courage absolu.

— Elle était innocente, selon vous, Maxime ?

— Je ne sais pas. Cette survie dans le mutisme, cela aurait également pu être une forme de pénitence, si c'est bien elle qui a tué les petits... »

L'enseignant faisait des va-et-vient dans la petite salle couverte de craie. On détectait que l'affaire l'avait longtemps habité, et que pour la première fois, il était en mesure de partager ses conclusions.

« Vous pensez bien que j'y ai beaucoup réfléchi ces dernières années. Le mieux serait d'interroger les anciens, pour que vous puissiez vous faire votre propre idée... Je peux vous accompagner, servir d'intermédiaire, car ils ne vous feront pas confiance d'emblée de jeu.

— Merci, dis-je. Mais nous, peut-on leur faire confiance ? Je veux dire, est-ce que leurs souvenirs seront fiables ? Est-ce qu'ils seront suffisamment objectifs ?

— Malgré leurs témoignages, et les articles à charge, j'ai appris à respecter Giulia, et même à avoir de l'affection pour elle. Aujourd'hui, ce serait très certainement une femme d'influence, une leader pour sa communauté. Mais pour l'époque, elle était trop décalée, son comportement était déplacé.

— Vous voulez dire qu'elle était gênante ? osai-je.

— Oui. Le verbe haut, la posture conquérante... On attendait des femmes qu'elles agissent et s'expriment avec discrétion, qu'elles soient le faire-valoir de leurs époux. Bien sûr, il y avait déjà des femmes fortes, mais peu de la trempe de Giulia. Elle, aimait la provocation...

— Et puis, c'était une immigrée, renchérit

82

Gemma.

— Dès leur arrivée en France, on demandait aux Italiens de ne se faire remarquer. Pour mieux s'intégrer.

— Mais question intégration, ça ne devait pas être si compliqué. Ils ne venaient pas de l'autre bout du monde, non plus. Ils avaient la même couleur, la même religion, quasiment les mêmes coutumes. À part la différence de langue, avec le recul, c'était bonnet blanc et blanc bonnet.

— Ne vous méprenez pas, Gemma. Ils restaient des intrus. Et en ces temps-là, cette forme de xénophobie était tout à fait acceptée et acceptable, et ce, dans toutes les strates de la société. Aujourd'hui, il y aurait des associations ou des médias pour la soutenir, mais dans les années 1950, c'était bien différent...

— En somme, femme et ritale : la double peine pour Giulia.

— Et finalement, un facteur de cohésion au sein d'Ithaque, puisqu'elle a fait l'unanimité contre elle. Des femmes qui la jalousaient, aux hommes qui ne parvenaient pas à la dompter, elle a cristallisé toutes les haines... Et vous le savez bien, rien de mieux qu'un ennemi commun pour fédérer une société... »

Maxime s'interrompit comme si ce qu'il s'apprêtait à dire pourrait nous choquer. Mais il se lança :

« Je me demande même si dans une certaine mesure, ils n'ont pas essayé d'exorciser leurs propres fantômes et de se châtier à travers elle : parce qu'elle était Italienne, Giulia est l'emblème du fascisme, et assigner la monstruosité à un autre peuple, c'était la tenir à distance de soi, tout en expiant leur propre culpabilité de collabos. Même s'ils n'avaient pas tous sympathisé avec le pétainisme, loin de là... ça a laissé des traces. »

Pendant que Gemma photographiait les clichés avec son téléphone portable, je me contentai de lire et relire les gros titres, sans en comprendre un seul mot. Maxime vit que j'étais un peu dépassé :

« Un problème, Luca ?

— C'est étrange, car à travers le portrait que vous avez dressé de ma grand-mère, j'avais l'impression que vous parliez de Livia. Le contexte historique en plus, bien sûr.

— Et en quoi cela serait étrange ?

— Si elle a vu sa mère pâtir de son attitude, pourquoi l'imiter ? Pourquoi ne pas avoir choisi une voie diamétralement opposée, pour limiter les risques ?

— Elle avait quatre ans quand les faits se sont produits. Pour elle, cela devait relever de l'inconscient, voire du déterminisme. »

Maxime prit une inspiration, et continua :
« Et en parlant de déterminisme, il y a toujours quelque chose qui m'a frappé dans cette histoire. Vous vous y connaissez un peu en onomastique, en anthroponymie ? »

Devant mon air amusé, il rougit :
« Pardonnez-moi. Je suis tellement frustré de limiter mon vocabulaire en classe – alors, quand j'ai enfin la chance de parler à des adultes, je tombe dans l'excès inverse, et j'abuse des termes savants... Bon, pour revenir à nos affaires, je suis convaincu qu'il y a une forme de prédétermination dans la signification des prénoms. Et celui de votre aïeule en dit long. Giulia, cela désigne la perfection. Littéralement, 'toute la beauté du royaume.' À travers l'Histoire, celles qui ont porté ce nom ont été des femmes passionnées, passionnelles. Loyales à l'extrême. Intuitives, instinctives. Qui voulaient cristalliser l'attention, et ne donnaient pas beaucoup en retour. Des femmes cyclones, qui se nourrissent du chaos.
— Oui, notai-je, il y a beaucoup en commun

avec Livia. Tu ne trouves pas, Gemma ?

— Un prénom, ce n'est qu'un prénom, répondit-elle. On ne peut contrôler l'avenir d'un enfant avec seulement quelques syllabes. Aussi éclatantes soient celles de Giulia.

— Non, bien sûr, acquiesça Maxime. En revanche, le parent qui décerne le prénom a une idée bien en tête. Toutes ces connotations, tous ces traits de personnalité, il les souhaite plus ou moins consciemment pour son enfant. Et en l'élevant, il les oriente, il les provoque. Donc allez savoir si vos arrière-grands-parents n'ont pas, d'une certaine façon, semé les graines de la discorde.

— 'Djou-lia', répétai-je. C'est vrai que ça sonne un peu comme un coup de vent, un coup de fouet... Mais vous pensez que les villageois voudront nous parler ? Vu le portrait de Giulia que vous nous dépeignez, ils risquent fort de nous attendre avec des fourches et des couteaux.

— Pas d'inquiétude, je vais vous briefer un peu sur leurs personnalités.

— Et nous retracer l'enquête dans les grandes lignes ? » proposa Gemma.

11.

C'était assez mignon de voir Gemma prendre des notes dans le petit cahier d'écolier que Maxime lui avait offert. Lui, en *full-mode* instit', déroulait l'affaire Conti, comme s'il s'était agi d'un épisode de la grande Histoire, avec beaucoup de pédagogie et d'intensité dans les prunelles. (Il m'avait également proposé quelques feuilles et un stylo, mais je lui avais répondu : « Je crains que cela ne nous expose à un devoir sur table, en fin de course, donc je ne prendrai pas le risque. »)

Gemma, toujours studieuse, multipliait les questions et les remarques, dans un dialogue sans temps mort :

« Vous disiez que l'arrestation a eu lieu le 1er juin 1953. L'enquête n'a pas duré tant que ça, au final.

— Ithaque n'avait qu'un gendarme pour régler les rares différends entre villageois. C'est donc la police de Nice qui est intervenue... Giulia a eu droit à toute une série d'interrogatoires à la maison d'arrêt – infructueux, comme vous pouvez l'anticiper... Et pour couronner le tout, Livia a disparu le lendemain où les forces de l'ordre ont emmené sa mère. Ce qui a flanqué un nouveau coup à Fabio.

— Tout ça figure dans les articles ?

— Oui, parce qu'ils avaient finalement dépêché un journaliste pour couvrir l'affaire, et poser des questions à toute la communauté. Il a donc suivi de près tout ce qui arrivait dans la bourgade. La disparition de la petite a fait couler beaucoup d'encre. Fabio a même été suspecté d'infanticide, pour tout vous dire... Ils ont retrouvé Livia trois jours plus tard, dans la commune voisine. Plus de peur que de mal. Quand on lui a demandé si elle était partie à la recherche de Giulia, elle a dit que non, sa maman ne lui manquait pas. Elle a juste expliqué avoir suivi des agneaux. Sauf qu'il n'y avait pas de transhumance à ce moment-là. Ce qui a marqué le journaliste, c'est qu'elle leur avait donné le nom de ses frères...

— Sa façon à elle de faire son deuil, ou

simplement d'appréhender la mort de ses frères. Est-ce qu'on comprend ça, à un si jeune âge ?

— Ensuite, ça s'est un peu tassé... Mais Fabio a sombré dans l'alcoolisme, et peu après, il est parti s'installer à Nice avec Livia. Sans doute pour pouvoir rendre visite régulièrement à Giulia, en prison. Je n'ai pas trouvé de traces de la famille par la suite. Je ne sais même pas quand Fabio est décédé, et je n'ai trouvé aucune information sur votre maman... J'ai vérifié fréquemment, à une époque, sur Internet, mais sans succès.

— Oui, elle s'est mariée, et même après le divorce, elle a gardé le nom de Papa. Hormis le livret, nous n'avons retrouvé aucun autre document mentionnant son patronyme.

— Vous avez la date de décès de Giulia ?

— Ils ont publié un article à ce sujet. 19 juin 1972... Le mois prochain, cela fera 50 ans jour pour jour. Elle aura quasiment survécu vingt ans à ses enfants. Cancer du sein, qui s'est généralisé.

— Comme Livia.

— Il ne restait déjà plus grand monde à Ithaque en ce temps-là. L'affaire a rendu l'atmosphère très lourde dans le village, et petit à petit, la majorité des familles a déménagé. À ce jour, il n'y en a plus qu'une vingtaine... Quand on pense qu'ils étaient plus d'un millier, au début du siècle dernier. »

Beaucoup de villages avaient connu des drames, et ils ne s'étaient pas dépeuplés pour autant. Je n'appréciais pas l'idée implicite qu'on impute à la famille Conti la responsabilité de la chute d'Ithaque. Je le sentais, il y avait quelque chose de plus sourd, de plus glauque, de plus brutal dans cette terre, et les racines du mal devaient y puiser très profondément.

Y avait-il un danger particulier à rester trop longtemps par ici ? Fallait-il en parler à Gemma ? Tout investie dans sa quête de vérité, elle balaierait mes inquiétudes... L'air même me pesait, et ce malaise presque irrationnel ne me ressemblait pas. J'essayais de trouver des raisons : le réveil en pleine nuit, la fatigue du voyage, la chaleur étouffante, la violence des révélations, une forme d'empathie envers mes ancêtres... Il y avait de quoi ébranler même le plus solide des esprits. Il fallait me recentrer, revenir aux bases, à mon activité première :

« Maxime, je suis cameraman, et j'emporte toujours mon matériel vidéo avec moi. Est-ce que vous pensez que je pourrais capter des images ?

— Les paysages, sans aucun doute. Les habitants, je suis plus circonspect. Vous connaissez mieux que moi les questions de droit à l'image.

— Je n'ai pas l'intention de rendre un tel documentaire public... Ce sera uniquement pour ma sœur et moi.

— L'idée fait sens. Et si vous parveniez à convaincre mes concitoyens, je suis sûr que l'histoire des Conti intéresserait au-delà de votre cercle familial.

— D'autant que toutes vos recherches nous épargnent un aller-retour aux Archives départementales : nous allons pouvoir nous concentrer sur notre exploration du village. »

Sans doute avais-je besoin du filtre de l'écran pour appréhender les choses plus froidement, plus objectivement... Là, je recevais les informations de Maxime, en pleine face. J'éprouvais la nécessité d'être moins passif face à la situation, de moins subir.

Maxime trouvait de plus en plus de mérite au projet :

« Stratégiquement parlant, le documentaire est la meilleure approche. Mais en dissimulant vos intentions... Si vous disiez enquêter sur vos grands-parents, c'est sûr que les villageois ne répondraient pas. Ce n'est pas une génération qui aime être mise en lumière, et la perspective d'être diffusé n'est pas une motivation suffisante pour déblayer les décombres du passé... En revanche, si vous dites que c'est pour mettre en valeur la région, lui redonner de l'attractivité, cela les motivera davantage. Mais dans ce cas-là, il vous faudra l'aval du maire.

— C'est un enfant d'Ithaque ?

— Non, pas du tout. C'est une espèce d'arriviste, qui voulait à tout prix un mandat pour se bâtir une légitimité politique. Il est venu ici pour gagner ses premiers galons, mais je peux vous assurer qu'il filera à la première opportunité.

— On peut passer le voir, avant de faire le tour des... comment dites-vous, des Ithaquais ? Des Ithaquois ?

— Des Ithaciens.

— D'où vient le nom du village ? demanda Gemma.

— Nous n'avons jamais su avec exactitude... Figurez-vous qu'il y a eu jadis des départements français en Grèce et que l'un d'entre eux s'appelait également Ithaque... Il y a plusieurs théories : les premiers bâtisseurs étaient plausiblement grecs, ou férus de mythologie. Une chose est certaine : contrairement à Ulysse, ceux qui en sont partis n'ont jamais voulu y revenir. »

*

« Est-ce qu'une fraction de seconde, j'ai cru Giulia coupable ? »

Livia avait cessé de lui rendre visite en prison, immédiatement après la mort de Fabio. On pensait que c'est son foie qui lâcherait en premier, mais c'est le cœur du pauvre homme qui avait jeté l'éponge, après dix années d'une incommensurable douleur. Lui était persuadé que sa femme était innocente, et à vrai dire, Livia n'avait jamais cherché à le contredire. Non pas que les arguments de son père l'aient convaincue (elle le voyait bien trop amoureux pour faire preuve de discernement), mais elle savait combien Giulia adorait ses fils. Parce qu'elle en avait chaque jour ressenti le contraste, elle qui ne lisait qu'une forme de défiance et de jalousie dans les yeux de sa mère. Mais *de quoi aurait-elle pu être jalouse ? Elle n'avait que quatre ans, et aucun embryon de beauté qui aurait pu rivaliser avec la flamboyante Giulia... Peut-être sa mère lui reprochait-elle l'affection de Fabio ? Ou alors, ce dégoût permanent était-il le reliquat de son déni de grossesse ? Ou enfin, Giulia la trouvait-elle trop geignarde, trop fragile, trop différente d'elle ?*

Ses fils, en revanche, c'était sacré. Elle les vénérait, les portait aux nues, alors qu'ils n'avaient pas encore fait leurs preuves dans ce monde. Elle était si fière de sa tribu. C'était sa force, son rempart contre l'univers. Est-ce qu'elle avait été punie par le Ciel de cet excès d'orgueil ?

Si ce n'est pas elle qui avait égorgé ses enfants, elle en portait la responsabilité. Sinon, pourquoi se vouer au silence ? Pourquoi accepter la condamnation, sans tenter de s'en défendre ?

Si elle avait souvent chassé sa mère de ses pensées, Livia avait en revanche souvent imaginé ce que ses frères seraient devenus, s'ils avaient partagé sa chance de vivre. Elle n'avait pas compris tout de suite qu'ils avaient disparu, parce qu'à quatre ans, le concept de mort est intangible (quand celui de la haine maternelle était plus foudroyant). Mais ils étaient restés vivaces dans son esprit, car chaque jour, son père en parlait. Elle avait ainsi grandi avec l'impression d'être une rescapée qui ne méritait pas la clémence du destin. Elle avait essayé d'être la fille parfaite pour adoucir les souffrances de Fabio (docile, travailleuse, polie), s'astreignant même à cultiver les qualités de ses frères. Elle avait vite compris qu'elle ne compenserait pas leur absence, mais quand son père lui parlait de la patience de Gianni, la culture d'Ezio, le courage de Carmine, la solidarité de Mattia et Giosué, elle y lisait tant de regret qu'elle chercha à leur redonner vie à travers elle.

La mort de Fabio porta un coup fatal à cette approche de la perfection, et à l'âge de quatorze ans, Livia devint du jour au lendemain une adulte écorchée vive. Elle en voulait à sa mère d'avoir baissé les bras – et elle se mit à se battre contre le monde entier. Tout l'amour qu'elle avait porté à son père se transmua en une haine de l'humain en général. Aucun effort n'était récompensé, et elle se fraierait un chemin avec son intelligence et ses poings.

Elle embrassa un quotidien de luttes, de cris, d'irrationalité parfois. Elle n'était que douleur et fureur, et elle voulait que cette douleur et cette fureur déferlent sur le monde, le contaminent. Les vannes étaient ouvertes. Son père l'avait entravée dans une forme de révérence au passé ; orpheline de lui, elle se retrouva finalement déchaînée. Au sens propre comme au sens figuré.

Elle n'avait pas réalisé qu'en se méfiant de tous et en défiant l'univers, elle ressuscitait l'esprit de Giulia, celle d'avant le drame. Son anticonformisme. Son insolence. Sa confiance. Sa vibrance. Sa sensualité si affirmée.

Sa vanité, sans l'ombre d'un doute.

Aujourd'hui, même privée de sa chair, Livia ressent encore ce sang tumultueux, ce sang bouillonnant, ce sang maudit.

*

12.

Convaincu que toute publicité était bonne à prendre, le maire s'était révélé un allié inattendu et immédiat.

« Non seulement je vous autorise à filmer, mais je vous encourage vivement à diffuser ce que vous aurez rassemblé. La seule contrepartie que je demande, c'est d'être également interviewé et d'avoir un droit de regard sur le montage final.

— Vous êtes conscient que ce ne sera pas un film publicitaire, pour l'office de Tourisme ? l'alertai-je.

— Sans vouloir vous influencer, je pense que l'histoire de votre famille est d'un intérêt absolument capital. »

Il ne fallait pas chercher bien loin l'origine de cet enthousiasme. Romain Champenois trouvait dans cet éclairage inespéré une façon de remettre Ithaque sur le devant de la scène, tout en favorisant sa propre ascension. Dans l'idéal, ce serait l'occasion de briller, et bénéficier d'un potentiel tremplin médiatique vers de plus hautes fonctions. Et même si sa belle mâchoire carrée et son bagout ne séduisaient pas les élites de son parti, sa commune gagnerait une notoriété macabre, qui attirerait des centaines de voyageurs épris d'histoires à sensation.

Il avait donc balayé la stratégie prudente préconisée par Maxime et convoqué lui-même cinq habitants, leur imposant de participer à ce qu'il présentait comme un reportage pour le journal de 20h.

Notre panel d'interviewés avait l'air tout droit sorti d'un EHPAD. Je haussai donc la voix pour être sûr d'être bien compris :

« À l'origine, ma sœur et moi étions seulement venus pour en découvrir davantage sur notre famille... Et Maxime, votre instituteur...

— Professeur des écoles, s'il vous plaît, corrigea-t-il, non par prétention, mais par souci d'être factuel.

— Oui, toutes mes excuses... Maxime nous a

expliqué qu'un drame immense s'était produit ici. Et que nos grands-parents étaient concernés. D'où l'idée de ce reportage. »

L'auditoire ne laissa transparaître aucune émotion. Les embarquer dans notre aventure serait compliqué. Je commençais à m'enliser : « Il se trouve que je suis cinéaste... enfin, en quelque sorte..., et j'ai ressenti l'urgence de... donner du sens à tout ça. Enfin, pas de donner du sens à cette tragédie - ça n'en a strictement aucun. Donner du sens à ce qu'on est en train de vivre, ma sœur et moi.
— C'est une démarche purement égoïste, alors ! » dit l'un d'entre eux.

Gemma vola aussitôt à ma rescousse :
« Vous pourrez trouver ça égoïste, mais avouez que c'est assez brutal ce qu'on vit. Notre vision des choses, nos certitudes sont... démolies. On ne pourra pas reprendre le cours de nos vies aussi facilement, mais grâce à vous, on pourra mieux comprendre... Et c'était légitime pour nous d'en savoir plus. Pour nos descendants. Je suis enceinte, vous voyez... » Faute de mieux, elle abattait sa dernière carte : celle de l'attendrissement pour éteindre les réticences.

Maxime allait se révéler notre véritable allié, avec sa voix posée, et son re-focus sur la méthodologie :

« Pas d'inquiétude à avoir. Je me porte garant d'eux. C'est même moi qui vais poser les questions... Gemma et Luca interviendront ponctuellement, mais ne voyez pas cela comme une enquête de police. C'est une rencontre humaine. Rien d'officiel.

— Et l'occasion de vous faire entendre, peuple d'Ithaque. De faire entendre votre vérité ! argua le maire avec démagogie.

— Vous n'êtes pas obligés de témoigner, si vous ne voulez pas, enchaîna Maxime. Vous pouvez demander à être floutés, ou juste refuser de parler.

— C'est pour la Une ? » demanda l'un des Ithaciens.

Gemma réprima un piaillement moqueur, avant de répondre :

« En toute franchise, pour l'instant, on tourne ça pour nous... Comme mon frère a tenté de vous l'expliquer, avec maladresse certes, il n'y avait rien de prévu, rien de prémédité.

— C'est une opportunité, s'imposa Champenois. Et ça serait regrettable de ne pas s'en saisir.

— Moi, ça ne me choque pas, avança une des anciennes. Ma petite nièce filme absolument tout avec son téléphone portable. Même quand elle va au McDo, elle s'enregistre en train de manger, et elle commente. Vous êtes comme ça, dans votre génération. Vous filmez tout. Et vous réfléchissez après.

— Je vous promets que si on exploite ces images, on vous tiendra informés, dis-je.

— On sera payés ? demandèrent deux papys étrangement synchrones.

— Vous ne faites pas non plus de la figuration pour un film », gronda Maxime, laissant ainsi entrevoir comment il s'adressait à ses élèves. Il affirma : « L'information ne se monnaie pas. Sinon, comment lui accorder du crédit ? »

Les deux pépés ricanèrent au mot "crédit", le double sens involontaire ne leur ayant pas échappé.

Le maire tomba le masque :
« Voyons, songez au flot de touristes que cela va nous apporter !

— Ah oui, pour tout esquinter ?

— Pour ce qu'il reste à esquinter... La commune meurt à petit feu, il nous faut du sang neuf, il nous faut des visiteurs, des clients, des habitants. »

La petite délégation opina collectivement du chef.

13.

Le temps ayant tendance à éliminer les aspérités et à tout diluer, on aurait pu s'attendre à une vision vague et uniforme de l'affaire Conti, dernier mythe local. Mais le petit groupe constitué par le maire représentait un panel suffisamment hétéroclite pour que les points de vue divergent. On détectait bien évidemment une ligne de force (pour tous, Giulia était coupable), mais nous étions conscients que dans une bourgade qui ne s'était jamais plus ouverte au monde, la mentalité grégaire et la pensée unique s'étaient accentuées.

Ils étaient cinq. Etienne, le maraîcher de 51 ans, n'était pas né au moment des faits, mais pouvait vous raconter la scène comme s'il y était, avec une assurance tout à fait édifiante. Agathe, qui avait huit ans en 1953, se souvenait des événements avec une netteté sidérante : elle était amie avec Ezio et gardait par ailleurs un souvenir attendri de la petite Livia. Robert et Stéphane s'apprêtaient à partir pour leur service militaire quelques jours après le massacre des innocents, ils seraient bientôt nonagénaires, et n'avaient jamais quitté Ithaque après leur retour de l'Opération Hirondelle pendant la guerre d'Indochine. Enfin, Elyane, la mère de Claude, se tenait à distance, jetant des regards obliques à ses interlocuteurs.

Etienne prit la parole de façon affirmée :

« Il y a une piste qui n'a jamais vraiment été explorée, mais je vous le dis, moi : les Conti venaient de Sicile. C'étaient des mafieux, voilà tout. Ce type d'assassinat effroyable, sanglant, spectaculaire, grotesque, théâtral, c'est typique de la Pieuvre. Ils ne font jamais dans la demi-mesure.

— Dans ce cas, Giulia serait une victime, analysa Maxime.

— Oui et non. Elle peut avoir égorgé ses enfants elle-même, pour que la Mafia ne les tue pas à sa place. Ou alors, ils l'ont droguée pour qu'elle commette le crime à leur place. Ou bien, elle voulait faire payer un truc à son mari.

— Vous voyez bien que ça ne tient pas, ces

théories. Autant votre point de départ pouvait être crédible, autant les mobiles sont irréalistes. »

Plus Etienne se défendit, plus il s'enfonça. Après quelques minutes, sa tendance au complotisme exaspéra Maxime. Ce dernier renonça, voyant que le témoignage ne mènerait à rien, mais Gemma poursuivit l'interrogatoire, parce que les élucubrations d'Etienne rendaient possible, en contre-point, l'innocence de Giulia.

Agathe, elle, se montra plus cohérente et plus compatissante, mais quand elle parlait de Giulia, elle en avait les frissons :
« Ce meurtre n'avait rien de rationnel, et s'il y a eu une forme de logique dans ses actes, seule Giulia la connaissait... Pour moi, elle était folle, et j'ai eu cette impression même avant cette nuit-là. Elle parlait fort, elle riait fort, même sans motif. Elle avait parfois l'air possédé. Et quelle indécence ! Ses seins débordaient toujours de son corset. On aurait dit qu'elle voulait constamment choquer les gens.
— Il est vrai que les troubles comportementaux n'étaient pas bien identifiés au début des années 1950, commenta Maxime. J'y ai souvent pensé. Les théories de Freud n'avaient pas encore fait leur

chemin partout, et si Giulia souffrait d'une forme de folie, elle n'aurait pas pu être diagnostiquée. A travers les descriptions et les dépositions que j'ai pu lire, il y a une tendance histrionique, voire, une forme d'hystérie...

— Vous dites ça parce que vous êtes un homme, c'est facile, objecta Gemma.

— Par-dessus tout, je ne suis pas psychanalyste. Et les Ithaciens qui ont témoigné ne l'étaient pas non plus. Dans tous les cas, on ne pourra jamais l'affirmer avec exactitude, si elle a souffert de bipolarité ou de schizophrénie. Mais pour moi, cela donnerait un angle beaucoup plus rationnel à...

— On a longtemps dit qu'elle était possédée, asséna Agathe... Nos parents étaient très pieux, et c'était l'explication qui convenait au plus grand monde.

— Quand je vous entends, on dirait que notre grand-mère était complètement folle.

— Je ne sais pas, répondit la vieille dame, à la fois songeuse et irritée. Quand elle arrivait au marché, nos mères crachaient par terre et nous demandaient de prier. Les hommes, eux, gardaient leurs yeux rivés sur elle... Mais ça, pour sûr, je peux vous dire qu'elle était d'une beauté sans égale, et qu'elle me fascinait autant qu'elle m'effrayait. Si quiconque la contrariait, peu importe son rang, homme ou femme, elle ne se laissait pas faire, et elle lui répondait du tac au tac avec un culot et des mots... fleuris ! Elle montrait même les poings, et ma mère disait qu'elle avait déjà roué de coups une voisine qui s'était moquée d'elle... Oui, c'est pour ça qu'elle me faisait peur, comme un chien qui peut vous sauter dessus sans crier gare. »

Les pupilles dilatées d'Agathe étaient perdues dans le vague. Des images de son passé semblaient l'assaillir, et sa logorrhée ne s'arrêtait plus :
« Elle avait des yeux d'une intensité... Une fois, j'avais dit à ma cousine que je souhaitais ressembler à Giulia, car c'était la mieux maquillée, la plus féminine, et elle m'avait rétorqué 'Tu veux ressembler à une putain, toi ?' Elle n'était pas comme nos mères, c'est sûr, et après le drame, j'ai essayé de l'oublier, de ne jamais reproduire ses manières ou son apparence.
— Cette femme, c'était le démon, déclara Elyane avant même qu'on ne la sollicite.
— Pardon ? s'étouffa ma sœur.
— Je suis désolée de vous le dire, Gemma, mais votre aïeule, c'était une tentatrice, une dépravée. Il a dû avoir de sacrées cornes, le pauvre Fabio. Elle ne le méritait pas. »

La mère de Claude retourna au silence, aussi vite qu'elle en était sortie, sous les yeux horrifiés de Gemma.

« Elyane, nous vous interrogerons ensuite.

— J'ai dit ce que j'avais à dire, je veux rentrer chez moi. »

Robert et Stéphane parlèrent de concert, pour décrire la femme qui était à l'origine de leurs premiers émois d'adolescent. Sans filtre, ils présentèrent une personne manquant de constance, qui pouvait défendre une idée puis son strict opposé au cours d'une même conversation, non par conviction mais par pur esprit de contradiction. Ils s'étaient attachés à toute une série de petits détails, qui en révélaient tout autant sur la personnalité de Giulia que sur leurs propres centres d'intérêt. Elle était souvent tête en l'air, et réputée pour perdre ses affaires. Aux champs, quand elle venait prêter main forte à son mari, elle ne l'aidait pas beaucoup, et semblait surtout là pour faire tourner les têtes. Un jour même, elle avait joué aux cartes avec les deux jeunes hommes, y prenant beaucoup de plaisir tant qu'elle gagnait, et manifestant beaucoup de mauvaise foi quand sa chance avait tourné... Robert était convaincu qu'elle lui avait fait des avances, mais Stéphane assurait que non.

Une fois l'assemblée dissoute, Maxime et moi avions décidé de faire le point, mais Gemma refusa :

« Au final, la journée aura été chargée... En informations, en émotions. J'aimerais qu'on rentre au gîte après ça.

— Vous ne regrettez pas d'avoir échangé avec les villageois au moins ? Ils n'ont pas été très tendres avec Giulia. »

Je répondis :

« Contrairement à eux, on a du recul. Nous, on ne l'a pas connue, et sincèrement, je n'ai pas encore de parti-pris. Vu ses réactions, Gemma a davantage été heurtée par les accusations, mais je ne me sens pas l'âme d'un justicier. Si c'était une meurtrière ou une dégénérée, je pourrais l'accepter, sans me sentir personnellement entaché...

— Moi, je me sens très mal. Si elle les a vraiment égorgés, c'est tout bonnement atroce. Mais si elle était innocente, je trouve cette histoire encore plus tragique, parce qu'elle a subi la perte de ses enfants et une immense injustice. Sans avoir bénéficié du moindre soutien. »

Je n'avais jamais vu ma sœur aussi peinée. Elle continuait de noircir les pages de son petit cahier, sans doute avec ses propres impressions... Maxime, lui, était désormais clairement désemparé et cherchait ses mots, sans les trouver. Au bout de quelques instants, il parvint à formuler ses idées :

« Je ne prendrai pas tout pour argent comptant. On sent que même des décennies plus tard, tout reste coloré par de la rancœur, de la fascination, de la jalousie et même des restes de libido... Je ne suis pas spécialiste en criminologie, mais il y a quelque chose qui ne cadre pas. Comme l'ont dit les policiers au procès, c'était inévitablement quelqu'un du village pour convaincre les cinq enfants de le suivre dans la grange : c'est là que le meurtre a eu lieu, compte tenu du volume de sang qui y a été retrouvé. Et il aurait été difficile pour une femme adulte de sa corpulence de maintenir chaque enfant pour le tuer.

— Mais à part ses lèvres scellées, sa fuite et la haine du village, qu'est-ce qui a pu orienter le verdict ?

— Les policiers se disaient que seule, Giulia n'aurait pu agir aussi efficacement. S'il s'était agi d'une autre personne, après le premier meurtre perpétré, les quatre autres petits auraient tenté de s'échapper ou de s'interposer. Là, l'enquête est partie du principe que les enfants s'étaient laissé faire, soit parce qu'ils étaient sidérés, soit parce qu'ils avaient confiance et acceptaient le geste de leur maman. »

14.

Gemma et moi avions regagné nos chambres sans un mot. Nous n'avions pas envie de dîner, et encore moins de sociabiliser : l'épouse du brave Claude en était clairement déçue (« Et moi qui ai cuisiné toute la journée pour vous. »)

Ne trouvant pas le sommeil, j'avais entrepris de faire un montage rudimentaire des prises de la journée sur mon ordinateur portable.

Les propos étaient accablants, mais ne reposaient sur rien de solide, si ce n'est leur concordance. Giulia était une femme orgueilleuse, qui n'avait pas sa langue dans sa poche, et aimait se faire remarquer. Était-ce déjà un crime en soi ? Pour en avoir parlé avec Maxime, une chose était sûre : on attendait d'elle qu'elle rentre dans le rang, en tant que femme, en tant qu'immigrée, mais elle ne s'empêchait pas de vivre. De là à commettre l'irréparable ? Il n'y avait eu aucun signe avant-coureur. J'avais pourtant posé la question : « Est-ce qu'elle était violente avec son mari et ses enfants ? », mais à part des gifles considérées comme acceptables à l'époque, rien ne témoignait d'une propension à blesser ceux qu'elle aimait.

À force de visionner et revisionner les enregistrements, je réalisais que je m'étais focalisé sur les aspects les plus sombres de Giulia dans un premier temps. Mais à force de les entendre à nouveau, le portrait gagnait en nuance.

Sous les déclarations à charge, de façon plus discrète mais indéniable, se dessinaient d'autres facettes de Giulia. Une personne qui entendait se montrer invulnérable, mais qui ne cherchait pas à masquer ses failles pour autant, puisqu'elle en faisait des forces. Un modèle d'indépendance, une féministe avant l'heure. L'allumeuse décrite par les hommes, la perverse dépeinte par les femmes, étaient-elles des projections ou simplement le reflet d'une époque ? Quand je leur avais demandé « Vous pensiez qu'elle trompait son époux ? » personne ne s'était prononcé de façon très nette, à part Elyane. Visiblement, Fabio avait été trop estimé pour se voir coller l'étiquette de cocu par le village. Agathe avait clos le débat en disant : « Tous les petits ressemblaient à leur papa. Ils avaient les mêmes fossettes, les mêmes yeux en amande, le même sourire. »

Même de nos jours, Giulia aurait détonné, mais dans la France profonde des années 1950, elle avait été un phénomène. Sur le point d'enregistrer le premier montage sur mon ordinateur, je nommai le dossier « Mère déchaînée Alpha. » Livia avait de qui tenir.

Et justement, aussi sanguine eût-elle été, Livia n'avait jamais levé la main sur ses enfants.

Ah bien sûr, ils auraient mérité quelques baffes au cours de leur enfance. Mais même quand leurs caprices dépassaient les bornes, elle n'avait jamais cédé à cette facilité. Bien avant que les châtiments corporels ne soient condamnés au sein des familles, Livia s'était interdit la moindre claque, préférant casser des assiettes ou tabasser les murs... En revanche, si quelqu'un touchait à sa famille, là, elle pouvait en venir aux mains. Une des ex de Gemma avait même eu la peur de sa vie.

Tandis que ses souvenirs se recomposent avec toujours plus de netteté, Livia revoit l'enfance de Gemma et Luca. Être maman, c'est déjà une petite épreuve en soi – mais que faire quand on n'a eu aucun réel modèle ?

Pendant ses grossesses, Livia avait fait la liste des qualités qu'elle entendait développer, et des écueils qu'elle voulait à tout prix éviter. Irrémédiablement, ces derniers renvoyaient aux habitudes de Giulia, qu'elles soient excessives ou non.

« Ai-je été une bonne mère, au final ? »
Livia retourne la question dans tous les sens, sans entrevoir d'issue. En réalité, seuls Luca et Gemma pourraient y répondre. Elle avait fait de son mieux, mais si elle devait recommencer, elle ferait tout différemment.

Maman, c'est la plus grande des responsabilités, et c'est aussi et surtout une mission presque intenable. Parce qu'à travers chaque geste, chaque mot, on peut faire autant de mal que de bien. En particulier dans les premières années, où tout s'imprime durablement dans l'esprit et dans la chair.
Donner la vie, c'est déjà une belle réussite en soi, mais le mérite est de courte durée. Garder en vie, en revanche, c'est une angoisse de tous les instants. D'autant qu'à partir du jour où ils se mettent à marcher, vos enfants trouveront toutes les occasions les plus absurdes pour se mettre en danger.

*

15.

Vendredi matin au petit-déjeuner, l'épouse de Claude, était en effervescence. Frustrée de ne pas avoir pu jouer les hôtesses la veille, elle courait dans tous les sens, couvrant la table de mets locaux, et ma sœur d'attentions extravagantes. Entre deux brioches, Gemma protesta gentiment :

« C'est adorable, Sylvie, mais peut-être aurais-je dû manger léger. Qui sait quels chocs nous réserve cette journée...

— Claude m'a expliqué. Figurez-vous que depuis votre rencontre, ma belle-mère est toute chamboulée. Non pas que ça me dérange : au moins, elle se tait, la vieille bique... Parce que je la tolère l'Elyane, mais pas plus de dix minutes.

— Elle semblait très remontée contre ma

grand-mère.

— Elle est en colère contre le monde entier.

— Vous aviez entendu parler des Conti ?

— Uniquement dans les grandes lignes. Je n'ai pas grandi ici.

— Vous vous plaisez à Ithaque ?

— Vous plaisantez ? C'est un immense mausolée. »

Je proposai à Sylvie de l'interviewer, ce qu'elle accepta avec un empressement désespéré. « Je vais aller me pomponner, avant. Quitte à passer à la télé, faisons les choses en grand. »

Une fois qu'elle fut sortie du salon, je demandai à Gemma comment s'était passée sa nuit. « Plus qu'agitée. Des cauchemars en série. Dans le dernier, j'ai fait connaissance avec Giulia, je me suis montrée compatissante pour qu'elle me parle en toute confiance, et au moment où j'ai enfin réussi à l'apprivoiser, elle a sorti un immense poignard, et... »

Claude se râcla la gorge pour signaler sa présence, et dit sans émotion :

« En réalité, c'était un couteau spécial que l'on utilise pour les agneaux et les brebis. »

Gemma en frissonna, et il se radoucit :

« Est-ce que cela vous fait du bien d'en parler ?

— Pas le moins du monde, lui déclara Gemma du tac-au-tac. Au mieux, ça m'évite de penser aux dernières heures de Livia.

— On peut arrêter là, lui proposai-je.

— Non, j'aurais l'impression de manquer de courage... Et j'ai la conviction qu'on n'est pas venus ici pour rien.

— Vous pensez réhabiliter votre grand-mère, affirma Claude.

— Je sens une pointe de moquerie, ajoutai-je.

— Non, mais depuis hier, ça cause dans le village... Vous vous souvenez, quand vous m'avez parlé des Conti la première fois, cela ne me disait rien. Mais en écoutant les anciens, je fais désormais le rapprochement. Ils n'appelaient pas Giulia par son prénom quand ils racontaient son histoire. Ils l'appelaient 'la sorcière'.

— Ne manquaient plus que les théories ésotériques, lui dis-je avec un début d'animosité. Vous n'allez pas nous dire que c'était un sacrifice démoniaque...

— Oh non, je pense qu'il faut prendre cela au figuré. Mais qu'il n'y ait pas une once de compassion du village à son égard, alors qu'elle a tout de même perdu cinq enfants, c'est parlant, non ?

— Esprit de clocher, voilà tout. » C'était Sylvie qui venait de débarquer, tous bijoux dehors. « Je suis prête pour votre interview, mais je ne sais pas trop quoi dire, à part mon point de vue très distancié sur les choses.

— Parlez-nous plutôt d'Ithaque, lui proposai-je.

— Ah bon ?

— Oui, votre vision du village, en tant que personne qui n'y a pas toujours vécu.

— Ah, pour avoir le point de vue de votre grand-mère ?

— Non, non. Vous pourriez être un point d'entrée pour les spectateurs, la personne avec laquelle ils pourraient s'identifier. »

Sylvie rougit.

« Ah, ça, c'est une sacrée responsabilité, la flatta son époux.

— Je savais que je n'avais pas acheté cette robe pour rien. » Sylvie était effectivement sur son 31. J'ignorais si les spectateurs se sentiraient connectés à cette petite dame endimanchée et surmaquillée, mais après tout, cela ne manquerait pas d'ajouter un peu de couleur dans ce morne paysage.

16.

« Par où commencer ? me demanda Sylvie avec une légère appréhension.

— Les événements ont eu lieu lors de la fête de l'Ascension... C'est une tradition qui a survécu ?

— Oui... Et à bien y réfléchir, c'est un peu glauque.

— Selon ma mère, il y a eu des petits changements, nota Claude. La grange où a eu lieu l'assassinat a été définitivement fermée. Après ça, on n'a plus permis aux gosses de s'éloigner de leurs parents lors des célébrations. Ils étaient obligés de rester vissés à la table, pendant tout le banquet. Je me rappelle, gamin ; dès que je tentais de m'échapper, ma mère me disait : 'Prends garde à la sorcière, elle pourrait revenir pour s'attaquer aux autres minots'.

Et maintenant, la fête a lieu en pleine journée. Dès que tombe la nuit, chacun rentre chez soi. »

Sylvie sentait que son époux était en train de lui ravir la vedette.

« Alors, moi, je vais vous raconter en quoi cela consiste. Le matin, tout le monde descend au village voisin, pour justement préparer leur propre ascension. Nous montons tous jusqu'au sanctuaire de la Madone, en tenue blanche, et nous récitons des prières pour tous nos être chers. Puis le prêtre donne la messe. Et immédiatement après, c'est le pique-nique. Des choses très simples comme la socca, la pichade et la pissaladière. Le pan bagnat, obligatoirement. Des petits farcis, la daube... »

Claude quitta la pièce au moment où Sylvie entreprit de raconter avec beaucoup de détails la cuisson des viandes dans le four à bois, le partage des mets locaux dont elle donna la recette. Je savais déjà où opérer des coupes...

« Je devine que ça boit beaucoup pour l'occasion, tentai-je.

— Ah, je ne vous le fais pas dire ! Du pastis, au-delà du raisonnable. Mais aussi beaucoup de vin.

— Donc il serait probable que le narratif de la

soirée, il y a sept décennies, ait été largement réécrit par la picole.

— J'ai beau vivre ici depuis un certain nombre d'années, je ne m'habitue pas à cette forme d'alcoolisme. Déjà, en temps normal, ça boit beaucoup pour noyer le désœuvrement et la tristesse de vivre ici. Mais quand viennent les célébrations, cela prend des proportions inquiétantes. On dirait que les hommes rivalisent pour savoir qui descendra le plus grand nombre de bouteilles. Tous, sans exception. Même le maire et le prêtre.

— Et que font les femmes ? s'enquit Gemma.

— Elles ne boivent pas. Mais elles subissent. Il faut bien que quelqu'un veille au grain. »

Ma sœur ne tarda pas à énoncer sa théorie devant la femme de Claude :

« Donc, il est probable que les témoignages masculins de cette nuit-là aient été sans fondement. Et que ce soient les épouses qui aient contrôlé le récit des événements. »

Sylvie scanna rapidement la scène autour d'elle, pour s'assurer que son mari n'était pas dans la pièce, me fit signe de couper la caméra, puis nous dit à voix basse :

« Vous n'avez pas idée de comment cela se passe dans un petit village. Même un homme qui déteste l'alcool se laissera saouler par ses congénères, sans quoi il se verra accusé d'être une petite nature, voire une fiotte... Et malheur aux femmes qui demanderaient un seul verre de vin, on les accusera d'être des dégénérées... Moi, je vis ici par amour pour Claude, parce que c'est un homme gentil et patient au fond. Mais je ne l'aime pas lors de ces rassemblements : il devient un autre.

— Il pourrait être violent ? se risqua Gemma.

— Oh non, ne vous inquiétez pas pour moi. Mais tous ses bons côtés et sa sensibilité s'effacent, dès qu'il est en groupe. On dirait une meute. Ils ne pensent plus comme des individus, ils agissent comme un seul homme. Et pas comme un homme sensé.

— Et après, on nous parlera de la force du collectif, dit Gemma.

— Vous pensez que le village a pu machiner contre Giulia, cette nuit-là ?

— Ce serait leur prêter trop d'intelligence. Par contre, allez savoir ce que les femmes ont mijoté pendant que leurs maris cuvaient leur vin. »

La sonnerie retentit. C'était Maxime, toujours armé de son sourire. Pendant qu'il saluait Gemma, je chuchotai à Sylvie :

« Ne me dites pas que lui aussi, il se torche lors des célébrations.

— Oh, non, lui il est un peu à part. Il accepte quelques verres pour faire bonne mesure, mais je le soupçonne d'en vider le contenu dès qu'on a le dos tourné. Certains ici vous diront que de toute façon ce n'est pas un vrai homme, parce qu'on ne lui a jamais connu de fiancée... Mais moi, je l'aime bien, et je reste souvent à ses côtés. C'est la personne la plus cultivée et la plus intelligente que je connaisse.

— On parle de moi ? » demanda Maxime, sans prétention aucune.

Pour dissimuler le rictus gêné de Sylvie, je relançai l'enregistrement :

« Nous étions en train de parler de la fête de l'Ascension. Qu'est-ce qu'un grand érudit comme vous pourrait raconter aux caméras ?

— Oh, moi, vous savez, je participe un peu de loin. Je suis... plutôt laïc. Néanmoins, la symbolique ne m'a pas échappé.

— Comment ça.

— L'Ascension, c'est un jour d'élévation, de résurrection. Et c'est à partir de ce jour-là que le village a entamé... disons, sa chute. Enfin, tout ne bascule pas du jour au lendemain. Mais il suffit d'un événement pour accélérer les choses.

— J'irais même plus loin. » C'était Sylvie qui, décidément, souhaitait impressionner l'enseignant, ou les spectateurs de l'entretien qu'elle imaginait fort nombreux. « Giulia, c'était un peu une Vierge inversée. »

En voyant nos yeux effarés, l'épouse de Claude corrigea immédiatement :

« Attention, je n'ai pas dit qu'elle manquait de pureté... Non, l'Ascension, c'est le jour où la Madone a su que son fils était vivant à nouveau. Et c'est le jour où votre grand-mère a définitivement perdu ses fils.

— Je ne l'avais jamais vu sous cet angle, s'enthousiasma Maxime.

— C'est parce que vous êtes un laïc, comme vous l'avez dit.

— C'est gentil de ne pas me traiter de mécréant. Mais vous avez raison, Giulia, c'est la *mater dolorosa* ultime... »

Maxime réfléchissait à toute vitesse.

« Je vous ai dit que je ne m'intéressais à la signification des patronymes... Vous savez quel était le nom de jeune fille de Giulia ? C'était Giordano. Giordano, ça veut dire 'celui qui descend'. De tous les points de vue, on est vraiment dans une ascension à l'envers. »

C'est sur ces mots que l'on frappa plusieurs coups secs à la porte. Champenois apparut, l'air grave :

« Je suis désolé de vous interrompre, mais on vient de retrouver le corps de Stéphane. Vous savez, l'un des messieurs que vous avez interviewés hier. Il s'est suicidé. »

17.

Procession surréaliste. Le maire, l'enseignant, Claude, son épouse, un gendarme, Gemma et moi en direction du logement de Stéphane.

« Vous êtes sûrs que nous devrions être là, ma sœur et moi ?

— Si vous le voulez bien, filmez tout ça, et je récupèrerai la vidéo, me dit le gendarme. Depuis ma prise de service, il n'y a eu que des morts naturelles ici, et je n'ai jamais eu à traiter un cas pareil. Je ne veux pas qu'on me reproche d'avoir mal géré mon enquête, oublié un indice, ou modifié les lieux du crime, ou...

— Comment ça, un crime ? Ce n'est pas un suicide ? demanda Sylvie.

— On ne sait jamais, lui répondit le gendarme.

J'espère que Robert n'a pas trop changé les objets de place. C'est lui qui nous a alertés. Il s'étonnait de ne pas voir son ami à neuf heures, comme tous les matins. Il est allé à son domicile, il a trouvé le corps, et il m'a immédiatement appelé. »

En arrivant devant la maison de Stéphane, le gendarme demanda à l'assistance de rester devant la porte.

« Empêchez quiconque d'entrer, je vous prie. Je n'emmène que le maire et le cameraman.

— Il a de la famille que nous pourrions prévenir ? proposa Gemma.

— Non, il n'avait plus que Robert. »

Nous rentrâmes dans une pièce unique, dénuée de confort, et où visiblement le ménage n'avait pas été fait depuis des lustres.

« Il n'y a pas de sanitaires, demandai-je ?

— Vous trouverez quelque chose qui s'en rapproche, mais dehors... Je vous préviens : c'est très rudimentaire. »

Je mis la caméra en marche. Vue d'ensemble sur un espace assez sombre, mais parfaitement rationalisé. À gauche, un petit lit, surplombé par une minuscule étagère avec deux photos en noir et blanc : un portrait de mariés, et une image de Stéphane au service militaire. À proximité, un petit bahut, qui devait contenir l'essentiel de ses possessions. Au centre, une table de bois et quatre chaises. Et à droite, un coin qui devait faire office de cuisine, avec un petit plan de travail, un point d'eau, un four et un meuble bas. On aurait dit un lieu de passage, plutôt qu'un lieu de vie. Pas de décoration, pas de livre, pas de chaleur humaine.

Assis sur l'une des chaises, la tête reposant dans une flaque de sang sur la table, et la main droite crispée sur un vieux pistolet : le pauvre Stéphane, dans les mêmes vêtements que la veille.

L'odeur de poudre et de sang macéré nous brûlait les narines.

« Le médecin a été prévenu, il arrivera après sa tournée du matin, m'expliqua Champenois. Il ne peut plus grand chose pour lui, de toute façon.

— Il sera au moins en mesure de nous renseigner sur l'heure de la mort, ajouta le gendarme, mais au vu de la quantité de sang, cela doit remonter à hier soir ou cette nuit.

— D'autant qu'il porte ses habits d'hier, ajoutai-je.

— Oh, ce sont ses seuls habits... » précisa le maire.

Le gendarme prenait un air des plus sérieux, lorgnant souvent vers la caméra, comme s'il cherchait l'approbation des autorités qui visionneraient l'enregistrement. Il s'obligeait à commenter chacun de ses faits et gestes, ainsi que ses constatations :

« La main est vraiment serrée autour de l'arme. À envisager que quelqu'un l'y ait déposée après avoir tiré sur Stéphane, pour maquiller son meurtre, c'était immédiatement après la mort, bien avant que le cadavre ne devienne rigide. »

Je fis un travelling circulaire autour de la table.

Le maire se mit à expliquer que Stéphane n'avait ni fortune, ni héritier, et que cela excluait tout mobile d'ordre financier. Et le vieillard n'avait pas d'ennemis.

« Il était malade, demandai-je au maire ?

— Non, il se portait comme un charme... Il avait l'air tourneboulé hier, après vos questions, en revanche.

— Vous pensez que cela a réveillé de mauvais souvenirs ?

— Sans nul doute. Mais de là à mettre fin à ses jours... »

Le gendarme expliqua avoir interrogé Robert, qui ne comprenait absolument pas ce geste.

Je sortis pour tenir Gemma informée. Elle était en grande conversation avec Sylvie et Maxime. Je la surpris à passer instinctivement sa main sur son ventre, ce qu'elle n'avait jamais fait au cours des derniers jours.

« C'est bien un suicide ? me demanda Maxime.

— Oui, c'est fort vraisemblable. De quoi parliez-vous ?

— On échangeait nos théories sur Giulia, et je doute vraiment qu'elle ait égorgé les petits, affirma Gemma. En revanche, qu'elle en ait porté la culpabilité, ça, c'est incontestable. Si elle a enduré sa peine, si elle n'a jamais cherché à se venger, et si elle s'est privée de parler, c'est qu'elle a dû commettre quelque chose de grave, un acte suffisamment fort pour déclencher, sinon provoquer la mort de ses enfants. Elle a accepté sa pénitence... Si elle n'était responsable de rien, et si ses fils avaient été tués par quelqu'un qui la haïssait, ou des jaloux, elle ne se serait pas laissé faire.

— Tu as poussé loin l'analyse.

— J'y ai réfléchi toute la nuit, entre deux cauchemars. Je me suis même demandé si les enfants n'ont pas été tués par un amant éconduit. Stéphane nous l'avait bien décrite comme une allumeuse... »

Je connaissais suffisamment bien ma sœur pour savoir qu'en cet instant-même, elle bouillonnait. Et qu'elle ne quitterait pas Ithaque sans avoir percé le mystère, voire apporté sa propre version de la justice.

« Gemma, j'admire votre ténacité, et s'il y a un moyen de faire avancer l'enquête, je vous soutiendrai, temporisa Maxime. Mais je ne vois pas comment, 70 ans après, un nouvel indice pourrait surgir. »

C'est sur ce mot précis que Champenois apparut.

« Vous n'allez pas y croire ! »

18.

« Il a laissé un mot ! Il a laissé un mot ! », le maire s'égosillait en battant des avant-bras, comme prêt à s'envoler. Cette emphase avait sûrement servi sa carrière politique, mais le contraste saisissant avec l'apathie de Claude et Sylvie laissait figurer des échanges totalement décalés au cours de son mandat.

« C'est solide, comme élément de preuve ? À quel endroit l'avez-vous trouvé ? lui demandai-je.

— Dans sa poche.

— Et on est sûr qu'il en est l'auteur ?

— Oui, pour deux raisons. Le gendarme a trouvé un petit carnet où il notait ses dépenses, et c'est exactement son écriture. De plus, il avait des traces d'encre sous les doigts. Il écrivait encore à la plume, c'est d'un romanesque !

— Champenois, calmez-vous. Je ne suis pas en train de filmer. »

Dégrisé, le maire arbora une moue dépitée, et me glissa : « Vous ne voulez pas lancer votre caméra, et moi, je reprends la scène depuis le début ?

— C'est sérieux. Et quand bien même on exploite des images pour un éventuel documentaire, on ne va pas tout mélanger. L'histoire de notre grand-mère, et ce suicide...

— Mais tout est lié, tout est lié !!! », le maire continuait de rougir et s'époumoner.

Il sortit son téléphone portable, et nous montra la photo de la note retrouvée sur Stéphane. Une graphie mal assurée, mais des mots qui allaient à l'essentiel : « Ce n'était pas moi, mais ce n'était pas elle non plus. Pardonnez-lui, et pardonnez-moi. »

Regards concentrés dans toute l'assemblée.

« Vous y comprenez quelque chose ? demanda Claude.

— Son ami a dit qu'hier, après notre visite, il était mal en point, expliqua Gemma. Nous avons visiblement réveillé des souvenirs très sombres. Qu'en penses-tu, Luca ?

— Je reverrai la séquence, mais il ne m'a pas paru inconfortable pendant qu'il répondait à nos questions.

— On ne le connaît pas. Comment aurait-on pu savoir ce qu'il ressentait ?

— S'il tremblait, n'allez pas chercher trop loin, avança Maxime. Il n'avait pas Parkinson, mais il commençait à montrer les effets de l'âge.

— En tout cas, il ne s'est pas loupé. » C'était la franchise de Claude à laquelle nous avions commencé à nous habituer.

Maxime étudiait la photo tout en analysant :

« En fait, c'est plutôt limpide, si on le remet dans le contexte d'hier soir... En écrivant 'ce n'était pas moi,' il explique n'avoir rien à voir dans le meurtre des petits Conti. Quant à 'ce n'était pas elle, non plus,' eh bien, c'est Giulia qu'il exonère à mon avis.

Pour finir, 'pardonnez-moi,' c'est sûrement pour excuser son silence, pour ne pas avoir pris la défense de Giulia à l'époque. Ou alors il veut qu'on ne lui tienne pas rigueur de son suicide... Toutefois, je ne sais pas à qui 'pardonnez-lui' fait référence. La personne qui a réellement commis les crimes ?

— Pratique. On ne peut pas savoir s'il s'agit d'un homme ou d'une femme.

— Ou alors, c'est bien de Giulia qu'il parle, essaya Claude. Quand il écrit 'ce n'était pas elle', il veut peut-être nous dire que cela ne lui ressemblait pas. Qu'elle était hors d'elle-même. Mais qu'elle a quand même commis le crime.

— Les mythes ont la dent dure, » rétorqua Gemma.

Maxime sauta sur l'occasion.

« En tout état de cause, il faut qu'on interroge Robert. Lui et Stéphane étaient inséparables... Ce que Stéphane savait, Robert le savait » et sans plus attendre, il entraîna Gemma avec lui.

*

Livia l'a enfin compris. Cette lumière qu'elle feint d'ignorer depuis le début, ce n'est pas une percée vers un paradis auquel elle peut ou doit accéder.

« *C'est toi, n'est-ce pas ?* »

La lumière ne répond pas, et après avoir obstinément refusé de la regarder, Livia se retourne vers elle.

« *Maman...* »

C'est bel et bien Giulia. Qui ne dit rien. Pour changer.

« *Donc, en fait, c'est ma punition. Je vais être bloquée avec toi pour l'Eternité. Et pour me faire enrager, tu n'ouvriras pas la bouche.* »

Livia plisse les yeux, et peu à peu, l'aspect éblouissant s'atténue pour lui laisser entrevoir très nettement les traits de sa mère.

« Laisse-moi deviner... Nous avons des affaires à régler, avant de pouvoir passer à l'étape suivante ? »

Livia sait que sa patience atteint rapidement des limites, mais plutôt que de s'énerver face à cette aphasie obstinée, elle décide de changer son fusil d'épaule. Et elle-même, se tait.

Elle observe Giulia qui n'a pas changé d'un iota depuis qu'elle l'a vue pour la dernière fois. Elle ne sait pas quel aspect elle-même peut revêtir, puisqu'il n'y a pas de miroir par ici, mais étant décédée à un âge plus avancé que sa mère, elle imagine Giulia surprise de la voir aussi ridée.

Giulia est demeurée une image de souffrance, mais elle est aussi restée d'une beauté rare.

Le passage des années et l'entrée dans un autre monde n'ont hélas pas radouci son visage, qui exprime encore la pire des douleurs. Même dans l'au-delà, elle ne s'est pas remise de la mort de ses enfants.

Livia constate qu'elle est seule, et en déduit que

Giulia n'a pas été réunie avec ses fils.

Ils doivent être au Paradis, eux, se dit-elle. Si tant est qu'un tel lieu existe.

« *Où sommes-nous ? En Enfer ou au Purgatoire ? Je n'ai jamais été très attentive pendant le catéchisme, et j'ai toujours pensé que c'étaient des contes destinés à effrayer petits et grands enfants, pour mieux les contrôler... Mais la valorisation du bien, le salut de l'âme, ça n'a jamais empêché l'humain de commettre les pires atrocités, non ?* »

Entre vraies interrogations et questions oratoires, Livia tente de faire réagir sa mère. Sans effet. Mais elle continue.

« *Je n'imaginais pas une telle... configuration. C'est minimaliste, quand même. Tu ne trouves pas ? Et pourquoi n'y a-t-il que nous, ici ?... Moi, en tout cas, je n'ai tué personne... Donc, logiquement, puisque nous sommes ensemble, toi non plus... Dans ce cas, qui a tué mes frères ? J'espère que les salauds qui ont fait ça sont en Enfer, eux...* »

Elle se rapproche de Giulia.

« *Bon, si ça se trouve, en réalité, je délire. Je ne suis pas encore morte, je rêve et c'est mon cerveau qui essaye de me préparer à ma fin prochaine.* »

143

Cette explication rassure Livia, parce qu'elle ne remet pas en cause tous ses principes.

« Ainsi, ce sont mes dernières heures, et je vais les passer avec toi, Maman... L'idée, c'est que je parte en étant sereine, non ? J'ai réglé mes comptes avec tout le monde, j'ai dit mes quatre vérités à tous ceux qui m'ont blessée. Mais toi, tu es la seule à qui je n'ai pas tout dit... Eh bien, prépare-toi, parce que l'ardoise est sacrément remplie, et j'ai des tonnes de choses à te reprocher. »

Giulia lui prend la main, baisse les yeux, et dit : « *Non ci lasceremo mai.* »

*

19.

Le gendarme maintenait son air fâché :

« Gemma et Luca, je pense que vous devriez quitter Ithaque... C'est à cause de votre visite que le pauvre homme est passé à l'acte. »

J'acquiesçai, penaud, mais devant l'abattement de ma sœur, Sylvie ne manqua pas de monter au créneau :

« Ce ne sont quand même pas eux qui lui ont mis ce foutu pistolet sur la tempe ! Bientôt, vous allez les accuser d'homicide involontaire !

— Non, mais envisagez qu'il y ait un effet de domino, et que d'autres suivent...

— Eh bien moi je dis que s'il avait eu la conscience tranquille, il ne se serait pas tué, continua Sylvie. Et si l'idée de l'imiter s'emparait d'autres hommes ici, eh bien tant mieux, c'est qu'ils ne vaudraient pas grand-chose... Ce maudit esprit grégaire ! Ils ne sont guère plus évolués que les moutons qu'ils égorgent. »

On percevait que des années de frustration avaient mené à ce point culminant, et qu'elle déversait tout ce qu'elle avait sur le cœur : « Je n'en ai jamais parlé avant, mais j'ai toujours trouvé que cette histoire n'était pas nette. »

En guise de compromis, le gendarme proposa de faciliter notre accès à la maison d'arrêt de Nice. « C'est tout ce que je peux faire pour vous. Un jour, qui sait, vous serez les bienvenus, mais laissez-nous. Le temps que la pression redescende à Ithaque. »

Je le remerciai pour son offre, mais Gemma ne décolérait pas. Était-elle courroucée de se voir si soudainement expulsée, ou estimait-elle que j'avais trop aisément cédé à l'injonction du soldat de la loi ? Dans tous les cas, elle ne m'adressa pas la parole pendant que nous remballions nos affaires chez Claude et Sylvie.

Trouvant notre éjection trop abrupte, Maxime insista pour nous escorter à la maison d'arrêt.

Devant son enthousiasme, je n'eus pas le cœur de refuser, d'autant que sa présence parviendrait potentiellement à désamorcer le conflit larvé avec ma sœur.

Je regrettai aussitôt d'avoir cédé, car Maxime se lança dans un accablant monologue pendant tout le trajet en voiture. Il nous gratifia de l'historique intégral de l'établissement pénitentiaire, des origines jusqu'aux projets actuels de réhabilitation, d'extension et de relocalisation. Je marmonnai quelques mots quand il sollicita mon avis sur le système carcéral, tout en jetant des coups d'œil furtifs vers Gemma, qui pianotait sur son téléphone. Elle n'avait pas appelé Marie depuis notre départ, et se contentait d'échanger avec elle par écrit. Ma future belle-sœur m'avait envoyé un texto à ce sujet : « Prends bien soin d'elle. Elle ne m'accorde que des bribes d'information, mais à travers ses mots, je sens qu'elle va mal. Je suis sûre que ça va mal finir, cette histoire. »

20.

C'est le directeur de la prison en personne qui nous accueillit. Après nous avoir proposé un café (ce à quoi Gemma répondit par un grognement malaisant), il nous conduisit à la salle des archives.

« Nous n'avons pas conservé les effets personnels de Giulia Conti, née Giordano. Au bout de quelques années, quand elles ne sont pas réclamées, les affaires sont jetées. 1972, ça commence à dater...

— Est-ce qu'on peut consulter des rapports ? Sur son incarcération ? Sur les conditions de son décès ? demandai-je.

— Monsieur Lacour, le gendarme qui vous a recommandés, m'a demandé de rassembler les quelques éléments que nous pourrions avoir. C'est mon beau-frère, j'ai donc fait pour le mieux, dans le laps de temps imparti.

— Et nous vous en remercions.

— Mais il n'y avait que quelques miettes. Pas de quoi justifier votre déplacement jusqu'ici. D'autant que nous avons eu un dégât des eaux il y a quelques semaines, et que la majorité des documents de l'époque a moisi. Quant à nos projets d'informatisation des données, ils ont toujours avancé de façon sporadique, cela n'a jamais été prioritaire... En revanche, je peux vous indiquer les visites qu'elle a reçues.

— Celles de son époux ?

— Oui, et de sa fille. Pendant une petite dizaine d'années. Puis plus rien. Sauf quelques semaines avant sa mort. Deux personnes se sont présentées pour lui parler.

— De la famille ? Peut-être que notre mère est revenue la voir, pour lui présenter notre père...

— Non, elle a reçu la visite de mesdames Rose Clément et Célestine Cheneval. »

Perplexe, je me tournai vers Maxime :

« Ces noms vous disent quelque chose ? demandai-je.

— Célestine Cheneval, clairement pas. Toutefois, Clément, c'était le nom de famille de

Stéphane.

— Il avait une épouse ? Une sœur ?

— Comme vous avez dû le constater en visitant son domicile, il n'y avait pas eu de présence féminine depuis fort longtemps. Femme ou sœur, il ne m'en a jamais parlé, mais là encore, je pense que Robert saura nous apporter un éclairage.

— Ce ne peut pas être une coïncidence, grommela enfin Gemma. Et notre grand-mère a eu des compagnes de cellule ? demanda-t-elle au directeur.

— Plusieurs. Mais elles sont décédées ou ont été libérées entre temps. Je ne peux pas vous fournir d'informations à ce sujet, en revanche. »

Comme ma sœur fusillait notre hôte du regard, Maxime voulut s'improviser juge de paix :
« Rappelez-vous, Gemma, votre grand-mère n'adressait la parole à personne, de toute façon.

— Elle aurait pu se livrer dans son sommeil. »

Je remerciai le Directeur pour son aide, et lui soumis cette idée : « Pourriez-vous rappeler Monsieur Lacour, pour le tenir informé de notre découverte ? Il y a un lien éventuel avec le suicide de cette nuit, et cela pourrait l'aider grandement dans son enquête. Même si ce patronyme est très commun, Clément est également le nom de famille du vieil homme qui s'est tiré une balle dans la tête. »

Le Directeur acquiesça, sûrement davantage par politesse que par conviction, et pendant qu'il appelait son beau-frère, je chuchotai à ma sœur :

« Voilà notre ticket de retour pour Ithaque.

— Lacour n'avait aucun droit de nous foutre dehors, en premier lieu.

— Si, si, c'est l'autorité dans son village. S'il estimait qu'il y avait un risque, il était de son devoir de...

— Quand bien même... Tu aurais pu lui tenir tête. C'était quand, la dernière fois que tu m'as soutenue ?

— Quand je t'ai suivie, sur ton coup de tête.

— Tu parles d'un exploit... Tu n'étais jamais là quand Maman est tombée malade. »

Cela devait bien finir par remonter à la surface, à un moment ou à un autre.

« J'étais tout le temps en tournage pendant son hospitalisation.

— Et ton boulot, c'est plus important que la famille ?

— Non.

— Alors, tu n'avais strictement aucune

excuse.

— Je ne voulais pas la voir dans cet état. Pour moi, ce petit corps de plus en plus faible, ce n'était pas elle. »

Le directeur nous fit signe d'approcher :

« J'ai Monsieur Lacour au téléphone. Il va se renseigner sur cette Rose, et il vous tiendra au courant, mais il a bien précisé une chose : il ne veut pas que vous remettiez les pieds à Ithaque.

— Un peu comme les sirènes sur la route d'Ulysse », commenta froidement Maxime.

21.

« Vous savez ce qu'on va faire ? proposa Maxime. Je vous emmène chez moi... Ce ne sera pas aussi confortable que le gîte de Claude, mais si nous rentrons une fois la nuit tombée, personne ne vous apercevra et Lacour ne pourra rien contre vous.

— C'est très gentil, mais on fait quoi ? dis-je. On se terre chez vous ?

— C'est mieux que rien. Et puis, c'est samedi, et je ne donne pas la classe en fin de semaine.

— D'ailleurs, à ce sujet... aujourd'hui, comment avez-vous fait pour ne pas assurer vos cours ?

— J'ai demandé à la dame de la cantine de les surveiller. Ils sont tellement peu nombreux, j'avais des feuilles de coloriage en réserve, ça a dû leur faire des vacances. C'est la première fois de ma carrière que je me dérobe à mes obligations, mais quel pied ! »

Le trajet du retour se passa dans une ambiance graduellement moins tendue, tant l'excitation et la bonne humeur de Maxime étaient contagieuses. Surtout, nous tenions la promesse d'une avancée, même minime :
« J'irai interroger Robert pour qu'il me parle de cette fameuse Rose Clément, et si besoin, je ferai le tour des anciens pour savoir s'ils connaissent Célestine.
— Merci Maxime, répondit Gemma. Je viens de taper leurs noms sur mon téléphone, mais là aussi, elles ont échappé aux filtres du temps. »

Dès notre arrivée, Maxime laissa sa chambre à ma sœur pour qu'elle puisse défaire ses valises et se reposer, et me guida vers le salon.
« Je dormirai dans le fauteuil, et je vous laisse mon canapé, proposa-t-il.
— C'est très gentil, mais vous n'allez pas...
— Peu importe, il faut accélérer les recherches. Et je serai bien incapable de fermer l'œil de la nuit. »

Il fila prendre une douche express, au moment où Gemma nous rejoignit. Une fois seuls, je lui demandai :

« Tu ne trouves pas ça un peu louche ?

— De quoi tu parles ?

— La gentillesse de Maxime, sa volonté de nous aider coûte que coûte.

— Ce n'est pas totalement désintéressé. Tu vois bien le plaisir qu'il prend à mener l'enquête.

— Qui nous dit qu'il est fiable ? On le connaît que depuis quelques heures... Il prétend qu'il n'est pas d'ici, mais il se pourrait qu'il ait, comme nous, des racines à Ithaque.

— Tu sais très bien que dans l'Éducation Nationale, les affectations ne se font pas par complaisance. Il a été muté ici, par le plus grand des hasards, soit parce qu'il n'avait pas de famille pour justifier une école à proximité de son domicile, soit parce qu'il a eu une très mauvaise note à ses examens. » Cela me fit sourire. La deuxième hypothèse paraissait hautement improbable.

Gemma me taquina :

« Suis ton instinct : qui sait, Maxime est le fils de Célestine Cheneval, et garde son cadavre momifié dans une des chambres !

— Ce qui me gêne, c'est qu'il veuille

157

poursuivre l'enquête ce soir, sans nous.

— C'est préférable. Avec les événements récents, je ne suis pas sûre que nous inspirions confiance aux villageois. »

Gemma avait probablement raison. Je réalisai que cette trentaine d'heures passées à Ithaque avaient suffi pour que je partage le pessimisme et la méfiance que Livia nourrissait pour le genre humain. Je n'arrivais même plus à apprécier le dévouement de l'instituteur à sa juste mesure... Qu'il agisse par altruisme, se sente investi d'une mission ou s'empare simplement de tous ces rebondissements pour mettre un terme à sa torpeur : les motivations de Maxime ne me regardaient pas. Après tout, il connaissait l'histoire de notre grand-mère depuis bien plus longtemps que nous, il avait plusieurs longueurs d'avance et des années de questionnements sans réponse à combler.

Surtout, à travers les mots de Sylvie, j'avais compris que Maxime était, toutes proportions gardées, un miroir de Giulia : lui aussi était un intrus, une pièce rapportée qui ne trouvait pas grâce aux yeux de la majorité. Les allusions à peine voilées à son homosexualité lui avaient sans doute valu une forme d'ostracisme au sein d'une communauté passéiste.

Je brisai le silence pour formuler un conseil qui pouvait très bien me valoir un regain d'acrimonie.

« Ecoute, Gemma, je sais qu'il est tard et que tu es épuisée. Mais appelle Marie... Les échanges de SMS, ça se concevait au début. Mais là, elle va penser que tu la tiens à l'écart... D'ici le retour de Maxime, tu as tout le temps pour échanger avec elle.

— À quoi bon ? Elle va faire du forcing pour que je rentre sur le champ. Tu la connais : elle s'inquiète pour tout.

— La laisser dans l'ignorance ne doit pas arranger les choses.

— Je ne me sens pas en danger ici...

— Tu réagis parfois de façon excessive : tu t'emballes, tu t'agaces...

— Ah, le grand mâle a parlé ! Me voilà désormais coupable d'hystérie. Comme ma mère et ma grand-mère avant moi... C'est l'air d'Ithaque qui te rend aussi intolérant. »

Et sur ces mots, elle me refusa tout droit de réponse en retournant dans sa chambre.

Comment Gemma pouvait-elle penser cela de moi ? Livia m'avait élevé dans une farouche

159

haine contre le patriarcat, et je m'étais toujours montré un allié sincère pour ma mère et ma sœur. Elle aurait dû comprendre que je m'inquiétais. Tout simplement.

Sa sensibilité s'était toujours exprimée de façon aléatoire, mais somme toute mesurée : elle-même avait été déstabilisée par ses oscillations entre détresse et exaltation à l'adolescence, mais son psychologue avait balayé le diagnostic de bipolarité, pour y voir une forme légère de cyclothymie. Depuis notre arrivée à Ithaque, ses émotions se voyaient exacerbées : elle paraissait totalement révoltée, ulcérée, naviguant mal de l'euphorie et dépression. Cela faisait-il partie de changements dus à la grossesse, que je ne pouvais qu'à peine soupçonnés ? Ou était-elle comme moi, un peu plus tôt, en train d'assurer la survivance de Livia en reprenant certains aspects de sa personnalité ? Marie aurait sûrement dit que c'était l'atmosphère du village qui nous contaminait.

Aux alentours de vingt heures, mon téléphone sonna. C'était Maxime :

« Je vous appelle car Gemma est théoriquement déjà couchée.

— Bien vu.

— Je l'ai trouvée à cran aujourd'hui... Je ne

vous dérange pas ?

— J'avançais sur le montage des interviews.

— Enregistrez vos fichiers. Je passe vous chercher dans cinq minutes. Il y a du nouveau. Et du lourd. »

« '*Non ci lasceremo mai*', *Mamma... Mais quelle hypocrisie, puisqu'au final, tu nous as laissés, Babbo et moi.* »

Livia ose enfin toiser Giulia.

« *Tu ne me feras même pas l'honneur d'une réponse, tu vas me laisser radoter toute seule, et j'aurai encore le mauvais rôle. Celui de la fille ingrate.* »

Giulia ne dit rien, mais ses yeux expriment pour la première fois une forme de compassion, de douceur.

Soudain, ses défenses abattues, Livia se retrouve transportée dans son enfance, quand elle cherchait à obtenir l'approbation maternelle par tous les moyens. Elle tremble, se demande si Giulia l'a vue évoluer depuis les limbes ou Dieu sait où, et dans ce cas, si elle a été déçue ou fière.

« *Je n'ai jamais parlé de toi à mes enfants, mais j'ai souvent convoqué ton souvenir. Plus que de raison... J'ai vécu à la fois seule, et entourée de fantômes. Et vous étiez nombreux, mes fantômes...* »

Livia n'exagère pas. À chacun de ses pas, elle s'est figuré cette famille qui lui avait tant fait défaut. Il lui semblait presque les voir, les toucher... Et tandis qu'aux yeux du monde, elle passait pour une personne solitaire, taciturne, et centrée sur elle-même, en réalité tout son être vibrait de leur présence et son cœur restait constamment ouvert aux spectres de son enfance. Ils balayaient sa vie avec une régularité, une férocité et une froideur qui la sidéraient. C'est autour d'eux qu'elle avait créé cette barrière, cet espace hermétique, pour ne pas les perdre une seconde fois. Quitte à se couper du reste des vivants.

Une fois devenue mère, elle s'était forcée, et avait réussi à assourdir cet univers intérieur. Elle lui avait donné moins d'importance. Mais quand ses enfants avaient quitté la maison, elle s'était retournée vers cette petite dimension intime.

« *J'ai surtout regretté l'absence de Papa, et*

de mes frères... Mes sentiments pour toi étaient bien plus ambivalents. Tu étais là, sans être là. Tu étais quelque part en arrière-plan. Je me figurais ta présence, mais je refusais de lui octroyer autant d'épaisseur qu'aux autres... Pas difficile de savoir pourquoi. Je t'en voulais trop. Tu avais tout fait pour inspirer la crainte, la peur, la détestation. Tu voulais trop en imposer... Est-ce que c'était un besoin vital pour toi ? Ou est-ce que tu surjouais, pour les choquer tous ? »

À supposer que Giulia ait voulu lui répondre, elle ne lui en laisse pas le temps : « J'ai toujours eu l'impression que tu étais morte en deux temps.

Une première fois, quand tu as accepté de te laisser emprisonner, et de te rayer toi-même de nos vies... Et la seconde fois, quand tu t'es vraiment éteinte. Après ça, j'ai cru que ta présence prendrait plus d'importance dans mon monde intérieur. Même pas... J'ai bien reçu un appel de la maison d'arrêt, mais j'ai refusé de venir en personne récupérer tes affaires. Qu'aurais-je bien pu faire de ton alliance et de quelques morceaux de tissu ? Car qu'aurais-tu pu me laisser d'autre ? Je n'ai jamais ouvert l'enveloppe. »

L'image de Giulia vacille. C'est un peu comme

si elle redevenait pure lumière.

« Maman, ne pars pas... J'ai besoin de toi. »

Giulia réapparaît. Cette fois-ci, un sourire se dessine clairement sur son visage. Livia esquisse un rictus, mais elle perd le contrôle et sa rage se dérobe. Elle sourit en retour :

« 'Non ci lasceremo mai', cela n'a jamais été de façon littérale, au fond... Toi, une femme du concret... je ne t'aurais jamais crue capable de donner dans le symbolique et le sentimental... Dans les faits, tu avais raison, nous ne nous sommes jamais quittées. Tu étais toujours un peu partout. Dans le cœur. Dans le cerveau. Dans le sang. Dans la chair... Et malgré toutes mes tentatives pour m'éloigner de toi, je suis toujours revenue vers toi, toujours revenue à toi. C'est quand même une putain de surprise de te voir toi, et pas Fabio, alors que je tire ma révérence... Bon, cet interlude n'a que trop duré, on part quand ? »

Et au moment où Livia est pleinement convaincue que cette apparition de Giulia est un tour de son cerveau pour mieux lâcher prise, elle entend la voix de son fils, la ramener au temps présent et dire « C'est hallucinant ! »

*

22.

« C'est hallucinant ! Vous l'avez enregistré à son insu ? »

Maxime souriait comme un enfant de huit ans, qui avait commis son premier acte de bravoure.

« La fin justifie les moyens, et puis, ça restera entre nous... À moins bien sûr que cet enregistrement soit réquisitionné par les autorités. Je veux bien être un peu filou, mais aller à l'encontre de la loi, jamais ! Disons que je me fais espion au service du bien. »

J'étudiais rapidement l'enseignant. Malgré son lexique, ses postures, et son style vestimentaire des plus sérieux, son visage ne laissait aucun doute sur sa jeunesse : il devait à peine approcher la trentaine. Sa peau pâle suggérait qu'il évitait à tout prix le soleil d'Ithaque, préférant l'obscurité de son école et sa petite maison, ainsi que la compagnie de ses livres, ses coupures de presse, ses copies et son ordinateur. Je l'encourageai :

« Vous aimez bien ménager vos effets, mais ne me faites pas languir.

— Je suis allé chez Robert pour lui présenter mes condoléances. Comme il paraissait totalement démuni, j'ai proposé de rester un peu à ses côtés, le temps qu'il s'endorme. Je lui ai donné un petit calmant - à sa demande, je précise... Il s'est détendu plus vite que je ne pensais et nous en sommes venus à parler de Stéphane... Voilà ce qu'il m'a raconté. »

Il sortit son mobile, et appuya sur l'icône représentant le dictaphone. L'enregistrement était net :

« Depuis combien de temps vous vous connaissiez avec Stéphane ?

— Depuis tout minots... Je savais que vu nos âges, il ne nous restait plus beaucoup d'années à partager, mais là, c'est vraiment absurde. S'ôter la vie comme ça...

— Il a laissé une note pour expliquer son geste.

— Je ne veux pas en parler.

— Deux célibataires endurcis comme vous, cela a dû créer des liens.

— Il n'était pas célibataire. Il était veuf.

— Ah bon, il ne m'en a jamais parlé.

— Parce qu'il n'en parlait jamais. Mais moi, je l'ai connue, sa femme. Elle s'appelait Rose... Un beau brin de fille. Une petite rousse aux yeux verts. Ils se sont mariés à son retour d'Indochine. C'était en 1954, si je ne me trompe pas.

— Leur union a duré longtemps ?

— Pas assez. C'est pour ça qu'il n'aimait pas évoquer sa mémoire.

— Que s'est-il passé ?

— Elle est morte en couches. Et l'enfant n'a vécu que quelques heures, en plus.

— Quel malheur ! Elle était jeune ?

— Pas vraiment. C'était en 1972 ou 1973. Elle allait avoir quarante ans. Forcément, c'était un peu risqué, cette grossesse... Mais bon, ils le voulaient cet enfant.

— Pourquoi l'avoir conçu aussi tard ?

— Ce n'était pas faute d'avoir essayé. Elle avait déjà porté quatre bébés auparavant. Tous mort-nés. Je crois bien que c'est pour ça qu'elle était allée voir la Giulia en prison.

— Comment ça ?

— Ne faites pas l'innocent. Lacour m'a tout

raconté, il était à mes côtés quand il a reçu l'appel de son beau-frère... Vous savez parfaitement que Rose et Célestine étaient allées voir la sorcière à la maison d'arrêt.

— Jusqu'à notre échange, j'ignorais tout du lien de parenté entre Rose et Stéphane... Pourquoi cette visite, alors ?

— Rose était persuadée que Giulia l'avait maudite, et que c'est pour ça qu'elle n'arrivait pas à mettre au monde des enfants... D'autant que c'étaient tous des garçons... Moi, je suis sûr que ça n'avait rien à voir, ils n'étaient pas bien vigoureux les petits, mais Rose pensait qu'il y avait un lien. Et comme elle était superstitieuse, et qu'elle craignait un cinquième échec... Voyez, le chiffre n'était pas anodin... Donc elle voulait négocier, s'excuser, faire tout pour que Giulia lui lève le mauvais œil qu'elle lui avait jeté.

— Mais pourquoi Giulia lui aurait-elle lancé un sort ? Rose lui avait fait quelque chose de mal ?

— Je n'en sais pas plus...

— Vous n'avez pas cherché à savoir ?

— C'étaient leurs affaires. Stéphane était mon ami, mais je n'ai jamais voulu m'immiscer. Ce qu'il voulait bien me dire, il me le disait. Et ce qu'il taisait, je le respectais.

— Vous avez une petite idée quand même ?

— Oh, toutes les femmes avaient été mauvaises à l'égard de Giulia. Elles ont toutes dit au moins une saloperie à son sujet.

— Et en votre for intérieur, vous pensez quoi ? Vous l'avez quand même traitée de sorcière.

— Je lui en veux, parce qu'après elle, Ithaque s'est affaissée sur elle-même... Du reste, j'ai mon intime conviction. Elle n'a pas pu tuer ses petits. C'était une garce au sang chaud. Pas une criminelle... Mais aucune pudeur. Toujours à se trémousser, les cheveux détachés. La poitrine qui débordait de son corsage. Des jupons trop courts... Et des œillades à tout le monde. Hier, je charriais le Stéphane en disant qu'elle n'en avait rien à faire de lui. Mais quand bien même elle ne serait jamais passée à l'acte, elle voulait vous faire monter le désir. Elle se jouait bien de nous.

— Mais Robert, vous disiez à l'instant qu'elle était incapable d'un infanticide.

— Parce que même si c'était une épouse déplorable, c'était une mère admirable. Elle les protégeait comme une louve, ses petits.

— Pourquoi n'avoir pas dit tout cela à ses petits-enfants ?

— Vous pouvez me dire à quoi ça sert de fouiller le passé, comme un vieux grenier ? C'est plein de toiles d'araignées, de planches pourries.

171

On n'y gagne rien, à part se blesser... Vous avez vu ce qu'il est arrivé au Stéphane ?

— Lacour vous a parlé de sa note d'adieu ?

— Ouais.

— Il disait que ce n'était pas lui, mais ce n'était pas elle non plus. Vous pensez que 'elle', c'était Giulia ou Rose ?

— Peu importe... J'ai la tête qui tourne, laissez-moi maintenant.

— C'est entendu. Je vous remercie, Robert, pour votre confiance. Si vous me le demandez, je n'en parlerai à personne.

— Je m'en fous. Vous pouvez même le leur raconter aux deux, mais je ne veux plus les croiser. Dans leurs yeux, on voit un peu la sorcière.

— Avant de vous quitter, j'ai une dernière question... Qui était cette Célestine Cheneval ?

— C'était une bonne amie de Rose. Ils ont essayé de me caser avec elle, mais ça n'a pas collé.

— Ah bon, un bel homme comme vous !

— Disons plutôt un homme comme vous... Je n'ai jamais guère aimé la compagnie des femmes... Mais j'ai eu la chance d'avoir ce brave Stéphane dans ma vie, et c'était suffisant...

— Je peux repasser si vous voulez. De temps en temps. Pour m'assurer que vous allez bien.

— Maxime, je ne pourrai pas vous en

apprendre plus... Mais je vous conseille d'aller voir Agathe. J'ai l'impression que les interrogatoires d'hier...

— Ce n'étaient pas des interrogatoires, mais des interviews.

— Je dis comme je pense. Les interrogatoires des deux Lyonnais, ça l'a brassée. Vous voyez, ça a fait remonter des choses qu'elle avait enfouies. Elle a voulu nous en parler hier, juste après, mais Stéphane a refusé de l'écouter. Il est rentré aussitôt après... Et puis, le reste, vous savez comme moi... »

L'enregistrement était terminé. J'applaudis.

« Maxime, vous êtes d'une efficacité redoutable !

— Oh, je n'ai pas beaucoup de mérite, c'était surtout une question de circonstances. Allez savoir si demain, passé le choc, il aurait été aussi bavard.

— Et dire que j'ai cru que vous tiriez les ficelles pour contrôler les informations et nous détourner sur des mauvaises pistes !

— Sincèrement ? Quelles auraient été mes motivations ?

— Vous savez, c'est typique des enquêtes. Le méchant, c'est souvent celui qu'on n'a jamais vu venir. »

Je ne sus pas si Maxime était choqué, blessé ou juste tendu. Je repris la parole :

« Et vous m'avez proposé de passer me chercher pour...?

— Rendre visite à Agathe.

— Et qu'est-ce qui vous fait penser qu'elle parlera davantage si je suis là ?

— Hier, quand vous l'interrogiez, elle vous dévisageait vous et votre sœur avec beaucoup de commisération... J'ai l'impression qu'elle voudra se racheter auprès de vous.

— On réveille Gemma, et on l'emmène avec nous ?

— Non, il vaut mieux qu'elle se repose. Au rythme où les choses avancent, demain promet d'être encore plus intense. Elle aura besoin de toutes ses forces. Et ces histoires de fausses-couches et de bébés mort-nés, ça risque de la démolir. Je lui laisse un petit mot pour la prévenir de notre détour, et je lui envoie la discussion avec Robert par messagerie au cas où elle voudrait la consulter entre temps.

— Je vous suis, chef ! Elle n'est pas couchée à cette heure, Agathe ?

— Figurez-vous. Elle s'est toujours plainte de ses insomnies. Je suis passé devant sa villa, il y avait encore de la lumière à tous les étages. »

23.

Agathe ne parut pas surprise de nous voir. Quand nous rentrâmes dans sa villa, je fus frappé par le contraste avec la maison spartiate et impersonnelle de Stéphane Clément. Cette demeure-là avait été décorée avec goût, et même si je ne vis que le rez-de-chaussée, je pus constater que sa famille avait disposé de véritables ressources financières, lui permettant de créer et surtout d'entretenir un cadre agréable et raffiné.

« Vous ne vous attendiez pas à trouver autant d'opulence en pleine Ithaque, n'est-ce pas ? Ne vous fiez pas à ce qui brille, ces beaux meubles ne sont qu'une diversion. Ici règne la même puanteur, la même décadence que partout dans ce village maudit. C'est même pire. Vous savez d'où vient ma petite fortune ? Mes parents étaient des collabos. Des ordures de collabos. Mais ils ont échappé à l'Épuration. Parce que mon père était si riche qu'il a rincé les autorités de la région pour qu'on nous laisse tranquilles... Il ne lui est resté qu'une fraction de ses possessions, mais c'était tout de même plus qu'il n'en fallait. J'ai failli partir d'ici, à leur mort. Recommencer tout à zéro. Mais j'étais trop faible, trop peureuse, trop vieille, et je n'avais jamais fondé de famille à moi. Alors, j'entretiens ces lieux. Ce temple de la disgrâce. Et quand il ne me prend pas l'envie de tout brûler, je nettoie, je nettoie, je nettoie, en espérant effacer les horreurs de mon père. »

Elle se leva pour nous proposer un verre.

« Vous me pardonnerez, mais je ne vous ai pas attendus... Oh, rassurez-vous, je ne suis pas alcoolique. Je ne bois pas pour oublier, pour assommer mes mauvaises pensées ou quelque chose de ce genre. Bien au contraire. Je bois pour me punir. Parce que j'ai l'alcool triste. Et dès que les démons du passé se jettent sur moi, je me sers un verre : c'est assez pour que je me sente encore plus mal. Je ne vais pas plus loin, sinon cela m'assommerait, et finie la culpabilité.

— Si vous le souhaitez, nous pourrons repasser demain, proposa Maxime.

— J'ai bientôt 80 ans, vous savez. Demain m'est encore plus hypothétique que pour vous.

— Je tenais à vous remercier, lui dis-je.

— Comment ça ?

— Quand nous avons interrogé les Ithaciens, vous êtes la seule qui a fait preuve de mesure, de nuance.

— Oui, confirma Maxime. Ni hagiographie, ni portrait à charge.

— Oh, je n'ai pas été tendre... Mais vous l'avez bien perçu, ce n'est pas dans mon caractère de hurler avec les loups. J'ai passé mon enfance à entendre des leçons de morale de mes parents, tout en sachant qu'ils avaient autant de sang sur les mains... Giulia était une furie, on la voyait arriver, on pouvait s'en méfier, mais eux, c'étaient de faux gentils, de vrais malhonnêtes, qui avançaient masqués.

— Est-ce que d'autres souvenirs vous sont revenus depuis hier ? demandai-je.

— On est à la recherche d'une certaine Célestine, l'orienta Maxime.

— La Cheneval ? répondit Agathe.

— Exactement.

— Elle passait le clair de son temps avec l'épouse de Stéphane. Elle a quitté Ithaque après la mort de son amie.

— Une raison particulière ?

— Elle ne voulait plus rester dans ce cloaque. Et on n'a plus eu de nouvelles dès son départ, vous imaginez bien. »

Au fur et à mesure de l'échange, elle descendait les verres.
« Je ne bois pas tant d'habitude...
— On devrait vous laisser.
— Non, sûrement pas. Au moins vous êtes là pour me tenir éveillée et pour me surveiller... Je ne sais pas quel effet cela me fera d'avoir autant bu. J'aurai les idées encore plus claires. » Elle lâcha un petit glapissement désabusé. Elle se leva d'un bond, comme si elle avait vu quelque chose. Et fit quelques pas mal assurés.

Elle s'avança vers moi, avec résolution, puis manqua de vaciller.
« Eh, merde... j'aurais dû m'arrêter avant. »

On voyait à son teint que l'alcool commençait à faire effet.
« Vous croyez que je serai encore plus triste après avoir bu tout ça ? Ou que ça me fera l'effet inverse ? Parce que là, je ne me sens plus tellement triste, en fait. »

Je lui saisis la main. Elle la serra furieusement.

« Cela fait tellement longtemps qu'on ne m'a pas... considérée. J'ai un peu la tête qui tourne. Vous me promettez de rester jusqu'à ce que je m'endorme ? Amenez-moi jusqu'au canapé. »

Maxime me fit un signe, lequel voulait dire : 'et après, on écourte et on s'en va'. J'acquiesçai, persuadé que nous n'en tirerions rien dans l'immédiat. Je conduisis Agathe jusqu'à son sofa, et l'aidai à s'étendre.

« Giulia n'était pas une mauvaise femme, me dit-elle soudain. Elle se fichait des convenances, c'est tout. Mais elle ne pensait pas mal... Et puis, si le bon Dieu vous donne ces atouts-là, ce serait un vrai péché que de les cacher... Il faut s'affirmer. Il faut s'affirmer. Les hommes nous appuient sur la tête, pour nous empêcher de briller. Mais non, nous sommes des étoiles. Nous devons briller parmi les étoiles. »

Maxime se rapprocha de nous et dit : « Bon, c'est très poétique. Mais d'ici quelques secondes, elle va s'effondrer... » Effectivement, on aurait dit qu'Agathe s'était assoupie.

Je me levai pour récupérer ma veste, mais

alors que nous nous éloignions, elle se mit à murmurer : « Je n'étais qu'une petite fille, je n'ai pas tout compris à l'époque, mais je sais ce que j'ai vu... Je sais... Je les ai vues, toutes les cinq.

— Agathe, voyons, lui dit Maxime en se rapprochant. Reposez-vous, vous n'avez plus les idées claires. Il s'agissait de garçons...

— Non, non, je ne parlais pas des petits anges. Je parle d'elles, les démones.

— De qui est-ce que...

— Je cherchais Livia. Je l'aimais bien, cette petite, je l'avais prise sous mon aile... Je voulais la sauver de sa mère... Mais ce n'était pas sa mère, la plus dangereuse. Ce n'était pas la sorcière dont il fallait se méfier.

— Vous enregistrez ça, Maxime ? susurrai-je.

— Si je ne le fais pas, Gemma ne me pardonnera jamais... J'ai lancé le dictaphone dès notre arrivée... Et puis, il faut être sûr de ne pas déformer ses propos... Agathe, parlez-nous des démones. De qui s'agissait-il ?

— Je ne sais pas, je n'ai pas vu tous les visages... Elles étaient de dos, pour la plupart...

— Vous les avez entendues parler ?

— Livia jouait à cache-cache, mais à chaque fois qu'elle jouait à ce jeu, elle se perdait ou elle s'endormait. Giulia m'avait demandé d'aller la chercher. Et je suis allée dans la grange des Mallefête. Parce que c'était son endroit préféré. Les Mallefête, c'étaient des vieux sans enfants, et ils aimaient bien la petite Livia... C'est normal, elle était si mignonne.

— On ne peut rien faire pour la presser ? Parce que si ça se trouve, elle va s'endormir sans qu'on connaisse la fin de l'histoire, soufflai-je à Maxime.

— Je ne veux pas m'endormir, vociféra soudain Agathe, les yeux grands ouverts. Je veux que ça sorte, il faut que ça sorte, j'avais oublié, je ne veux plus oublier. Je suis fatiguée d'oublier. Tout ça me ronge, me ronge...

— Agathe, calmez-vous, lui intima Maxime, en lui massant délicatement les mains. Dites-nous tout, puisque ça vous libère.

— Je cherchais derrière les bottes de paille. Et j'ai entendu l'une d'elles. Elle a dit 'Venez, venez, on va faire une belle surprise à votre maman'. Elles étaient cinq et elles tenaient chacune un des petits par la main. Ils titubaient. Ezio était un peu énervé, c'était le plus futé, pas le plus tendre. Il avait senti...

— Il avait senti quoi ?

— Que c'était un traquenard... Mais les autres, ils aimaient tellement leur maman, qu'ils étaient heureux... heureux de lui faire cette surprise... Et puis, il y en a une qui s'est mise à pleurer, qui a dit 'Non, je ne pourrai pas'. Mais celle qui portait la robe bleu nuit lui a demandé de se taire. Elle a crié 'On fait comme on a dit ! Maintenant !' Elles ont sorti les couteaux de leurs tabliers, et elles ont frappé... Net. Comme quand on égorge les bêtes.

— Qui, elles ?

— J'ai crié, mais elles n'ont pas entendu. Parce qu'Ezio hurlait. Lui, il ne s'est pas laissé faire, pardi. Lui, il a tenté de s'échapper, parce que celle qui sanglotait avait baissé la garde... Mais c'est la robe bleue qui s'est jetée sur le petit et qui lui a réglé son sort.

— Et ?

— C'est tout. Je... amenez-moi une bassine, je vais vomir... Dans la cuisine, vite ! »

24.

« Vous vous rendez compte, une fois que les digues cèdent...

— Je vous l'avait bien dit, que Giulia n'était pas coupable, » répondit Gemma que nous avions informée de tout aux aurores. « Mais on ne veut pas m'écouter, parce que je suis de parti-pris. Parce que je suis une femme. Parce que je suis sa petite-fille. Mais je vous l'avais bien dit. »

Ni Maxime, ni moi n'avions pu fermer l'œil de la nuit. Nous n'attendions qu'une chose : que ma sœur se réveille pour partager ces découvertes.

Maxime lui avait fait écouter les enregistrements, tout en appuyant fréquemment sur 'pause' pour lui décrire l'atmosphère des lieux, ainsi que nos gestuelles et attitudes respectives. La digne Agathe avait fini dans un état déplorable, les lèvres et les vêtements maculés de vomi, offrant un saisissant contraste avec son joli décor propret. Certaines fins de règne sont plus dignes que d'autres.

Les révélations d'Agathe n'avaient pas désigné qui avait perpétré le crime, mais nous savions au moins qu'il s'agissait de cinq femmes.

« Elle a parlé de démones, rappelai-je à Maxime. Il y a une secte dans le coin ?

— Non, non. N'allez pas concevoir un sacrifice ou une messe sataniste. Ce n'est pas le genre d'Ithaque.

— Parce que leur genre, c'est plutôt de trucider des enfants pour le simple plaisir, ou la beauté du geste ? lui assenai-je avec amertume.

— Je n'ai pas voulu excuser les villageois... Mais leurs superstitions et leurs convictions religieuses excluent ce type de dérives... Selon moi, si elles en sont venues à commettre ce crime, c'est qu'elles se sont convaincues de faire le bien. Elles ont accompli quelque chose d'atroce, certes, mais je suis sûr que pour être en paix avec leur code moral, elles ont dû trouver une justification qui ne les mette pas en porte-à-faux avec le Seigneur. Sinon, elles n'auraient pas pu vivre avec cela, pendant tout ce temps.

— J'aurai du mal à trouver une 'justification' morale à tout cela, décrétai-je.

— Et vous pensez que d'autres étaient au courant ? ajouta Gemma.

— Probable que Rose en ait parlé à Stéphane... si elle se croyait maudite. Elle faisait nécessairement partie du groupe des cinq.

— Pour moi, tout le village est complice, déclarai-je. Déjà, à la base, pour avoir entretenu cette psychose, cette hystérie collective à l'encontre de notre grand-mère... Ensuite, pour avoir cru à la culpabilité de Giulia, et pour avoir perpétué ce mensonge... Toute Ithaque est à brûler. »

Ma remarque déplut à Maxime, qui affirma :
« C'est regrettable de mettre tout le monde dans le même panier.

— Et pourtant, ils s'y complaisent tous, dans le même panier... Vous voyez bien qu'ils ne laissent personne les rejoindre dans leur panier de crabes ! Vous trouvez qu'ils vous ont bien intégré ? À vous traiter comme la pédale de service ! »

Silence gêné. Je balbutiai :
« Désolé, Maxime, mais l'injustice me

révolte...

— Il n'aurait jamais dû vous dire ça, s'imposa Gemma. En même temps, je suis fière de la colère de mon frère. Je le trouvais trop fataliste et résigné, ces derniers temps. Là, je ne suis plus seule dans ma rage. » Elle m'adressa un sourire sans équivoque : la fratrie s'était ressoudée.

Maxime ne cachait pas son dépit.

« Je ne vous demande pas de leur pardonner. Je vous demande seulement de ne pas condamner toute la ville... Quand on les voit comme des individus, et non plus comme une meute, on commence à leur trouver des mérites... On me reproche souvent mon angélisme, mais... Si je me mettais à croire que les gens sont tous pourris, je baisserais les bras, et j'arrêterais l'enseignement. Moi, je suis convaincu qu'on peut élever les consciences. Qu'on n'est pas tordus dès le départ.

— Je vous comprends Maxime, lui répondit Gemma. Je suis la première à dire qu'on ne doit pas faire de généralités. Parce qu'on a trop souvent fait des généralités sur les gens de notre communauté... Mais il y a quand même une sacrée différence entre une orientation sexuelle qui vous est assignée à la naissance, et une forme de déterminisme géographique, non ? Ni vous, ni moi ne pouvons changer qui nous sommes. Au demeurant, ceux qui vivent à Ithaque, en ayant conscience que tout y est pourri, devraient soit changer les choses, soit partir. Vous, vous essayez d'élever les consciences, comme vous dites. En les éduquant. C'est déjà une forme de lutte... Certains se sont barrés d'ici. C'est aussi une forme de lutte... Mais ceux qui sont restés ici, en connaissant la vérité, ou en sachant combien les habitants étaient nocifs, collectivement – eux, je ne peux pas leur pardonner. »

Je renchéris :
« Qu'il y ait eu cinq déséquilibrées pour assassiner des petits, je commence à le concevoir. Mais qu'elles aient eu l'idée de faire porter le chapeau à la mère, ça montre un tel niveau de malfaisance.
— Vous avez raison, Luca. Tout indique que c'était un acte prémédité. Mais j'ai clairement compris, à travers le récit d'Agathe, qu'il y avait une meneuse. Celle qui leur a dit quand frapper. Celle qui a pris le relais, quand l'une d'entre elles s'est dérobée.
— Et vous ne voyez pas qui peuvent être ces cinq femmes ? s'enquit Gemma. Cinq femmes plus proches entre elles que toutes les autres. Un petit groupe inséparable...
— Je crois au contraire, qu'après ces

événements, elles ont tout fait pour se tenir à distance, les unes des autres, pour ne pas éveiller les soupçons. »

Gemma avait saisi à nouveau son petit carnet, et elle continuait de griffonner frénétiquement. Elle tirait la langue, comme quand, enfant, elle s'appliquait sur une rédaction.

« Elles devaient être assez... corpulentes, non ? lâcha-t-elle.

— Que voulez-vous dire ?

— Pour tenir les petits d'une main, et asséner le coup de couteau de l'autre.

— Vous savez, à l'époque, elles étaient toutes assignées aux travaux dans la ferme, et elles avaient l'habitude d'égorger les poulets, les porcs, les moutons...

— Il n'empêche. J'ai cru comprendre qu'Ezio s'était débattu, et celle qui menait le groupe a vite repris le contrôle sur lui, quand il a tenté de s'échapper.

— Donc cela signifie qu'en plus d'avoir une certaine poigne, une forte emprise, elle avait quand même de l'agilité, souligna Maxime.

— Agathe a dit qu'ils titubaient, ajoutai-je. Cela ne m'étonnerait pas qu'elles aient saoulé les petits pour mieux les contrôler. Après tout, il semblerait que le vin coule à flot lors de vos célébrations, comme nous l'a avoué Sylvie.

— Bien vu, concéda Maxime. Ce qui m'obsède, c'est cette histoire de robe bleu nuit.

— Si on examine la photo du banquet, on ne pourra pas la discerner des autres robes foncées, dit Gemma

— En effet, concédai-je. En revanche, puisque la photo a été prise avant le drame, on pourra éventuellement identifier les femmes qui ont une expression étrange. Celles qui sont préoccupées, parce qu'elles pensent déjà au méfait qu'elles vont commettre.

— Je ne compterais pas dessus, dit Maxime. Tout le village ne figure pas sur la photo. Par contre, bleu nuit...

— Vous allez nous faire un cours sur la symbolique des couleurs ? lui rétorquai-je.

— Non, en fait, je ne pense pas qu'elle portait nécessairement une robe bleu nuit, à ce moment-là. Je crois plutôt qu'Agathe a voulu nous orienter sur une piste... »

J'ignorais où tout ceci nous conduirait, mais je faisais confiance à Maxime pour sa clairvoyance. Cela ne manqua pas; à peine une minute plus tard, il s'écria :

« Mais oui, c'est presque trop facile. Et je me demande même comment vous n'y avez pas pensé, vous non plus... Vous vous souvenez qui portait une robe bleu nuit, lors de vos interviews ?

— Cela ne pourrait pas être aussi simple, lâcha Gemma dans un souffle.

— Des fois, c'est d'une évidence telle qu'on n'y prête pas attention.

— Et ça expliquerait son attitude quand nous l'interrogions. Il faut qu'on retourne la voir dès que possible.

— Oui, mais avant ça, il va falloir passer sous les radars de Lacour, affirmai-je. Et je suis persuadé que Claude fera obstruction.

— Alors, c'est lui qu'il faut convaincre en priorité ! En route vers le gîte ! »

« *Mamma, lo sapevi ? Lo sapevi ? No ?... Cosa sapevi ?* »

Tout en écoutant les révélations de Robert et Agathe, Livia scrute les réactions de sa mère. Elle n'y lit ni angoisse, ni douleur, pas même une marque de surprise : Giulia est seulement figée dans une intense concentration. On dirait qu'elle se focalise davantage sur les émotions de sa fille, que sur l'information brute, laquelle est pourtant capitale. À moins que...

« *Maman, depuis quand es-tu au courant ?* »

Livia réfléchit à toute vitesse, et elle se dit qu'au cours des cinq dernières décennies (ou quelle que soit l'unité de temps quand on est mort), sa mère a bien eu le temps de se faire une idée sur les circonstances du drame. Ou même de mener sa propre enquête.

Les circonstances sont idéales, en tout cas. Elle, n'a passé l'arme à gauche qu'il y a quelques jours, et la voilà soudain détentrice d'un savoir immense, à commencer par cette histoire de calcium et de rigidité des tissus... (À ce rythme, et à force d'être assaillie par toutes ces données, elle se dit qu'elle sera bientôt une vraie encyclopédie).

Dans tous les cas, il est probable que sa mère ait su très vite ce qui est arrivé aux petits. A minima, elle a dû entendre des aveux, dans un moment d'égarement...

« C'est la Rose Clément qui t'a tout raconté ? Quand elle est venue te voir en prison... C'est à cet instant que tu as eu la confirmation... »

Pour la première fois, Giulia acquiesce.

« Et j'imagine qu'elle t'a tout dit parce qu'elle ne risquait rien, face à quelqu'un de muet... Non mais quelle connasse, celle-là... De toute façon, je parie que tu t'en doutais déjà un peu. »

Giulia acquiesce à nouveau.

« ... Mais dans ce cas, puisque tu sais tout, pourquoi es-tu encore là ? Pourquoi n'as-tu basculé de l'autre côté ? Tu n'étais pas pressée de revoir tes fils, *ton mari ? »*

Giulia semble ouvrir la bouche, mais aucun son ne sort.

« À force de te taire, tu as oublié comment parler... »

Il lui semble voir des larmes apparaître dans les yeux de sa mère, mais en réalité, ce sont ses propres pleurs qui dévalent en cascade.

« Pourquoi es-tu restée ? Il n'y a rien ici, rien du tout. Comment tu as pu tenir ici, tout ce temps, sans devenir folle ? »

L'inattendu se produit.

Giulia répond : « Una promessa è una promessa. Te l'avevo detto : 'Non ci lasceremo mai'. Non ti ho lasciato mai... Ora, posso allontanarmi un po'. Ciao, bambina. Non ti preoccupare : ci rivedremo. »

C'est au moment précis où Livia réalise que sa mère ne l'a jamais abandonnée, que Giulia disparaît.

*

25.

Galvanisés par notre découverte, nous marchions résolument vers l'auberge de Sylvie et Claude. Si Lacour croisait notre route et essayait de nous éjecter à nouveau, nous étions prêts à en découdre.

« Maxime, vous y croyez, vous, au surnaturel ? demanda Gemma en chemin.

— Disons que je suis un pragmatique ouvert à tous les possibles... Il faut savoir rester humble face à ce qu'on ignore. Ce serait trop facile de décréter que des choses n'existent pas, parce qu'elles échappent à notre entendement. Ce que nous ne pouvons ni expliquer, ni voir, n'est pas pour autant irrationnel, ou absent : c'est tout simplement que nous n'avons pas encore le bon niveau de connaissance ou de perception.

— Honnêtement, dis-je, vous croyez à la thèse de Rose ? Vous pensez que Giulia a pu maudire Rose, et occasionner la mort de tous ses bébés ?

— Je crois surtout que c'est du conditionnement psychologique, avança Maxime. Je suppose que la culpabilité rongeait Rose, et qu'inconsciemment, elle s'est interdit d'enfanter car elle ne s'en sentait pas digne...

— Cela, ou les affres de la consanguinité dans les petits patelins... lançai-je. Quoi qu'il en soit, c'est un phénomène plus général. Rose n'a pas été la seule à en souffrir. Je vous rappelle que plus personne n'est né à Ithaque depuis le drame...

— Oui, Claude nous a parlé des difficultés de Sylvie pour lui donner un héritier, » confirma Gemma.

Elle porta ses mains près de son nez et sa bouche, comme pour se protéger.

« J'espère qu'il n'y a pas quelque chose dans l'air, dit-elle avec alarme... Une bactérie qui pourrait affecter ma grossesse... Dès notre arrivée, Luca et moi avons trouvé l'atmosphère... viciée.

— Rassurez-vous, lui dit Maxime avec une immense douceur. Il n'existe pas encore de virus en suspension qui ciblerait uniquement les femmes enceintes. Et s'il y avait des germes nocifs, nous serions tous affectés. Il n'y aurait plus âme qui vive à Ithaque... »

Il parut très pensif, puis ajouta :
« Ce qui serait vraisemblable, en revanche, c'est une cause environnementale. Peu le savent, mais le recours accru à la chimie dans l'agriculture en Europe, c'est un phénomène qui date de la seconde guerre mondiale. L'arrivée de vos grands-parents pourrait coïncider avec l'emploi inconsidéré des pesticides à Ithaque. Ce qui a pu affecter la natalité...
— Donc, dit Gemma, cette fameuse malédiction que Rose imputait à notre grand-mère, ce ne serait qu'une mauvaise interprétation...
— ...d'un phénomène parfaitement naturel, en raison d'une malheureuse synchronicité, compléta Maxime, visiblement ravi.
— Et puis, renchéris-je, ils n'allaient pas louper une nouvelle occasion d'accuser Giulia à tort. D'abord, l'infanticide. Ensuite, la damnation... »

Je m'interrompis car nous venions d'arriver devant l'auberge.

« Sylvie, nous avons besoin de vous, dit immédiatement Gemma quand l'hôtesse lui ouvrit la porte.

— Mais... bredouilla-t-elle. Je vous croyais partis depuis hier.

— Nous avons fait de terribles découvertes, je vous raconterai tout dans le détail. Mais il faut absolument que vous nous donniez accès à Elyane.

— Ce n'est pas de mon ressort. C'est la mère de Claude, et il refusera : il la trouve encore plus agitée ces derniers jours, et il estime que c'est votre faute. Alors...

— Nous avons des raisons de croire que c'est Elyane qui a organisé le meurtre des cinq petits.

— Mon Dieu... ». Sylvie s'effondra dans les bras de Gemma.

Dès qu'elle eut repris ses esprits, Maxime lui demanda :

« C'est une nouvelle atroce. Et a priori difficile à concevoir pour un proche. Mais au fond de vous, est-ce que ça vous paraît totalement insensé ?

— Je ne crois pas que...

— Sylvie, s'interposa Gemma. Nous ne nous connaissons pas vraiment, mais nous avons très vite développé une forme de complicité. Parce que vous m'êtes apparue comme une personne sincère, intègre, qui ne se trompe pas sur les gens...

— J'ai pensé la même chose à votre sujet.

— Dans ce cas, si vous avez ne serait-ce que l'ombre d'un doute au sujet de votre belle-mère, ne nous faites pas barrage, et aidez-nous. Au pire, nous nous trompons, et nous présenterons nos excuses à votre famille. Mais supposez que notre théorie soit vraie. Pourrez-vous continuer de vivre à proximité d'elle, avec de tels soupçons ? »

Sylvie déglutit puis dit simplement :

« Non. J'en serais incapable.

— Et pouvez-vous nous accompagner chez elle ? osa Gemma.

— Non... Mais je vais faire mieux que ça. Je vais demander à Claude de me conduire en urgence à Nice, pour voir ma propre mère. Je prétexterai qu'elle est très fatiguée, et que cela me préoccupe trop. Il ne cherchera pas à comprendre, et il m'emmènera sur le champ. Pendant ce temps, Maxime vous guidera jusqu'à la maison d'Elyane, et c'est lui qui vous facilitera l'accès.

— Un grand merci, Sylvie », répondit ma sœur les larmes aux yeux.

À la fois attendrie par la réaction de Gemma, et soudain ranimée par son plan, Sylvie décréta :

« Si la vieille est mêlée de près ou de loin à cette affaire, je ne resterai pas une minute de plus ici, vous m'entendez ? Mes parents m'avaient bien dit de ne pas m'installer ici... Ils m'avaient prévenue...

— La réputation d'Ithaque était si mauvaise ? demandai-je.

— L'une de mes tantes a passé quelques années ici, dans sa jeunesse... Elle était infirmière. Je ne l'ai jamais rencontrée, parce qu'elle a fini sa vie recluse dans un petit appartement près du Cours Saleya... Mes parents disaient qu'elle avait toujours été fragile sur le plan sentimental, mais qu'à son retour d'Ithaque, c'était encore pire. Qu'elle pleurnichait tout le temps. Qu'elle était devenue folle... Eux, ils ont pensé que c'était un homme qui lui avait mis les idées à l'envers, voilà pourquoi ils ne voulaient pas que je fréquente Claude. Mais qui écoute ses parents à vingt ans ? »

Sylvie se tourna vers Gemma et reprit :

« Votre arrivée m'a ouvert les yeux. J'ai compris que c'est cette bourgade, le problème. Il n'y a rien ici. Pas de divertissement, pas de culture, pas d'ouverture sur le monde. J'ai bien essayé de changer les choses avec mon petit gîte, mais vous n'attraperez jamais des cigales avec de la sève amère... On tourne en rond, on tourne en rond, et puis on devient fous. Et il fait tellement chaud qu'on ne peut pas s'abrutir devant la télé. Tellement chaud qu'on ne peut pas s'endormir tranquillement. Alors on s'occupe comme on peut, on gamberge, on cherche des poux dans la tête des voisins. »

La catharsis de Sylvie se poursuivait. Je pensais combien Claude nous haïrait à l'issue de notre séjour ici. Lui qui se faisait une joie de nous recevoir, pensant que notre visite amènerait un peu d'activité et de distraction pour sa femme... Il était loin d'imaginer que cela percerait l'abcès de toutes ces décennies d'ennui, de lassitude, et d'insatisfaction.

« On vous tiendra informée du moindre détail, promit Gemma. Combien de temps pensez-vous pouvoir tenir Claude éloigné d'Ithaque ?

— Comptez quatre bonnes heures. Je le forcerai à m'accompagner au marché.

— Ce sera largement assez, lui dis-je.

— Mais votre mari ne risque pas de faire demi-tour, quand il réalisera que votre mère va bien ? s'inquiéta Maxime.

— Figurez-vous... Maman adore se plaindre, donc je n'ai même pas besoin de la prévenir pour qu'elle se prépare à surjouer. Elle va nous dresser la liste de ses douleurs, et tenter de nous culpabiliser tout du long. C'est un sacré phénomène, la mère Cheneval !

— Pardon ? »

Gemma avait manqué de s'étrangler.

« La mère Cheneval ?

— Oui. C'est mon nom de jeune fille.

— Et votre tante dérangée, demanda Maxime, elle ne s'appelait pas Célestine ? »

26.

La situation entière était une vaste composition de dominos qui n'attendait plus que notre venue pour s'effondrer. Certes, il aurait fallu sept décennies pour en perturber la stase, mais une fois que Gemma et moi avions provoqué le premier courant d'air, la construction avait commencé à vaciller, et les pièces chutaient les unes après les autres.

Ma mère répétait souvent : « Il n'y a rien que l'on puisse cacher indéfiniment. » J'y avais toujours vu une mise en garde, voire une menace de sa part, pour nous inciter à ne jamais rien lui dissimuler... Mais avec le recul, peut-être parlait-elle de sa propre situation. Elle avait cultivé son mystère, tout en sachant que tôt ou tard, il serait éventé. Se doutait-elle que ce seraient ses propres enfants qui donneraient l'assaut final ?

J'en parlais à Gemma et Maxime sur le chemin qui nous menait à la vieille bâtisse des Bouillon. Ma sœur se mit à philosopher karma et rééquilibrage, l'instituteur répondit avec les concepts de justice poétique, et moi je réalisai que la carence de sommeil avait sévèrement atteint nos résistances.

« N'allez pas chercher trop loin, nuança Maxime. Les secrets ne tiennent que tant qu'ils sont arrangeants... À la minute même où ils ne servent plus des intérêts communs, ils s'effritent aussi vite qu'un mur de poussière.

— Donc l'unité des gens d'Ithaque est en train de se fissurer ? réagit Gemma.

— Notre arrivée imprévue... la mort de Stéphane... l'opportunité de s'exprimer individuellement : tout ça a contribué à les fragiliser et les diviser... Elyane a longtemps tenu tout ce petit monde parce qu'elle leur faisait peur. Son agressivité, son fiel : c'était déjà bien suffisant pour dominer les plus faibles. De plus, en sachant qui a fait quoi, elle a toujours pu exercer une forme de domination, de chantage sur Ithaque.

— Si c'est bien elle qui a coordonné le meurtre des petits, elle a de surcroît eu l'intelligence de ne pas le commettre seule... renchérit Maxime.

— Donc, repris-je, à supposer qu'il y ait eu plusieurs personnes au courant, eh bien, même ceux qui n'étaient pas impliqués se sont tus pour ne pas causer de tort aux quatre autres tueuses... Et je suis prêt à parier que personne n'a voulu voir la vérité. L'essentiel n'était-il pas de se débarrasser de Giulia ? N'étaient-ils pas prêts à un gros mensonge, tant qu'ils évinçaient la source de leur mécontentement ?

— Giulia n'était pas Satan, me souffla Gemma.

— Oui, mais elle a tendu le bâton pour se faire battre, en déstabilisant leurs petits esprits étriqués... Et même si elle s'était tenue à carreau, elle ne serait pas pour autant passée entre les gouttes. On a toujours besoin d'un bouc émissaire. Parfois, ce sont ceux qui sont trop faibles, et qui représentent une proie facile pour des harceleurs. Parfois, ce sont ceux qui sont trop forts, et qui font de l'ombre au reste du groupe... Et dans certains cas, ça pourrait même être une personne qui n'a rien demandé, mais qui s'est retrouvée là au mauvais endroit et au mauvais moment... Je pense qu'il n'y a pas de profil type. Mais avouez que la différence, ça facilite la démarcation.

— Tu as une vision encore plus sombre que la mienne, ponctua Gemma. Vous, Maxime, en tant qu'idéaliste, ça doit vous faire bondir ?

— Le collectif peut accomplir de grandes et belles choses, comme pendant la Libération...

— Mais aussi des actes d'une immense laideur, comme pendant l'Occupation », assénai-je.

Ne réalisant pas que je fulminai, Maxime s'entêta dans son relativisme :

« Dans l'absolu, c'est tout simplement la pression et la puissance du groupe. Et quand tout s'emballe, les valeurs humaines et morales deviennent secondaires. Le juste, le vrai, le bien, tout ça c'est très relatif. Par contre, un élan, une poussée, un déferlement, c'est incontestable, c'est inéluctable, et ça emporte tout sur son passage.

— En fait, observa Gemma, c'est le même principe derrière deux mouvements aussi opposés que les émeutes de Stonewall et la Manif pour tous. Si le groupe est bien intentionné, il tire la société vers le haut. Et si ses principes sont mauvais, il casse tout sur son passage...

— Mais bien sûr, relança Maxime, quand on réagit à chaud, impossible de savoir si l'on sera du bon côté de l'Histoire.

— Je veux bien croire qu'il n'y a pas de vérité absolue, explosai-je. Je veux bien penser que dans une guerre, chaque camp peut avoir un peu raison.

Mais cela ne vaut que s'il y a équilibre des forces. Et dans le cas de Giulia, c'était toutes et tous contre une. Vous pourrez nuancer tant que vous voudrez, mais il y a clairement des victimes et des coupables. Ça dépasse le cadre d'un débat d'idées ou de valeurs morales.

 — Vous avez raison, Luca, concéda Maxime... Nous en resterons là sur ce sujet, je ne voulais pas vous blesser ou remettre en cause une vérité dont nous sommes à chaque minute plus convaincus... Pour en revenir à ce que vous disiez à la base, Elyane a bien téléguidé sa petite cour, mais son emprise est en train de se dissiper. Ils ont tous vieilli, et ils sont tous affaiblis. Soit parce qu'ils n'en peuvent plus de garder les secrets. Soit parce qu'ils veulent partir l'esprit tranquille, en lavant leur conscience ou leur âme. Quoi qu'il en soit, ils se mettent tous à parler et nous aurons bientôt l'avantage sur elle. Reste à voir en combien de temps nous pourrons faire tomber la pièce maîtresse. » Et nous ne dîmes plus rien jusqu'à notre arrivée.

27.

C'est Maxime qui frappa à la porte. Ma sœur et moi nous étions positionnés sur le côté pour ne pas alerter la vieille dame. Nous n'avions pas encore déterminé si nous devions attendre à l'extérieur et laisser l'enseignant mener son interrogatoire seul, ou s'il faudrait négocier pour entrer, voire forcer le passage. Nous entendîmes les claquements nerveux d'une canne, puis les tours de la clé dans la serrure.

Elyane lança sur un ton sec et aigre :
« Qu'est-ce que vous me voulez ?
— C'est moi, Maxime.
— Ah, oui, la petite institutrice ! »
Double pique. Mais Maxime ne se départit pas de son sourire.

« Elyane, je suis venu vous prévenir que Claude a dû partir en urgence pour Nice. Sa belle-mère est souffrante.

— Il serait temps qu'elle y passe, l'autre vieille !

— Il s'inquiétait à l'idée que vous restiez seule trop longtemps, et je me suis proposé de venir vous tenir compagnie.

— Je ne suis pas conne, vous savez... Je vous ai vu arriver avec les deux autres abrutis. Qu'est-ce que vous me voulez ? Vous n'avez toujours pas répondu. »

On percevait, sous l'ulcération, une forme de jubilation. Elyane se disait vraisemblablement qu'elle avait toujours la main. Elle voulait jouer ? Alors, allons-y.

« Mme Bouillon, bonjour. Vous vous souvenez de moi ? Je suis Luca. Et voici ma sœur, Gemma.

— Oui, je sais. Les petits chiots de la salope. Vous avez la même odeur.

— Elyane, nous sommes venus dans une démarche constructive, et nous voulons seulement dialoguer, s'interposa Maxime. Je vous prie de ne pas les insulter, et ils feront preuve de la même politesse à votre égard.

— M'en fous. Vous croyez qu'à mon âge on s'embarrasse de ça ? La politesse, c'est uniquement pour les faibles, et ceux qui veulent vous soutirer quelque chose. Et moi, je ne suis pas faible ; moi je ne veux pas avoir affaire avec eux.

— Elyane, je ne comprends pas, dit Gemma en s'avançant. À notre rencontre, vous m'aviez fait l'effet d'être une dame digne et courtoise.

— C'était à l'évidence pour faire bonne impression devant la caméra, insinuai-je.

— Vous me rendez folle, voilà tout. Je ne trouve plus le sommeil à cause de vous. Je n'ai plus la patience de faire des simagrées... Ce qui m'agace, ce n'est pas que vous cherchiez à savoir ce qu'il s'est passé. Ce qui m'agace, c'est que vous êtes prêts à répandre des mensonges. À faire passer une pute pour une sainte.

— Il va falloir étayer vos accusations, menaçai-je. Parce que nous n'en resterons pas là. Je suis prêt à porter plainte.

— Vous croyez m'effrayer ? Déjà, si vous aviez des preuves contre moi, vous ne seriez pas là, à me demander des comptes ; vous seriez allés directement voir Lacour... Et dans tous les cas, qu'est-ce que je risque ? Rien ! C'était il y a 70 ans. Il y a prescription.

— Même si on ne peut pas vous traîner en

justice, on peut vous traîner sur la place publique, vociférai-je.

— Les gens d'Ithaque me connaissent, ils savent ce que je vaux.

— Ce n'est pas d'eux que je parle. Vous devrez répondre de vos actes face aux médias.

— Si je vis jusque-là.

— Oh, ça ne s'arrêtera avec vous... Les gens en parleront encore et encore... Vous vous en moquez de votre réputation, après votre mort ? Vous vous en moquez de l'impact que cela aura sur Claude ? »

Ces deux arguments-là semblèrent faire mouche. Je poursuivis :

« Et ne considérez pas Sylvie comme une alliée... Quand tout le monde vous décriera, elle ne prendra pas votre défense auprès de votre fils. Je pense même qu'elle appuiera là où ça fait mal.

— Je ne l'ai jamais supportée, celle-là. Mais bon, qui d'autre aurait voulu rejoindre Claude dans cette grotte ?... Je sais ce que j'ai fait, et je sais que j'étais dans mon bon droit.

— S'il vous plaît, laissez-nous entrer, s'impatienta Gemma. Je vous ai dit que j'étais enceinte, et avec cette chaleur, je commence à avoir la tête qui tourne... Elyane, je vous ai entendue : j'ai bien intégré le fait que notre grand-mère n'était pas parfaite. Je ne suis pas là pour prendre sa défense. Je suis là pour comprendre. Vous ne pouvez pas nous priver de la vérité.

— Vous devez partager votre vérité, Elyane, lui dit Maxime sur un air impérieux. C'est l'heure ou jamais. Je me doute que vous aviez de bonnes raisons. Mais là, nous n'avons que quelques bribes confiées par Robert et Agathe, et avec ces bribes-là, vous allez passer pour la fautive. Pour une folle. Et Giulia sera vue comme une sainte.

— Ah, ça, jamais ! Alors, entrez, mais dès que je vous dirai de partir, vous filerez, sinon j'appellerai Lacour et je lui dirai que vous m'avez menacée ! »

28.

Elyane ne nous proposa même pas de nous asseoir. Elle se planta sur un fauteuil en osier, et nous toisa avec dédain :

« Bon, finissons-en. Qu'est-ce que vous voulez savoir exactement ? »

Ses yeux d'un bleu glacé me toisaient sans discontinuer. Pourquoi moi, plutôt que Gemma ou Maxime ? Elle sembla avoir lu mes pensées, car elle dit sur un ton presque banal :

« C'est vous qui lui ressemblez le plus... La même condescendance à peine dissimulée, cette conviction que vous êtes tellement supérieur à nous... Le même calme de façade, qui ne trompe personne, car d'une minute à l'autre, vous pourriez me sauter à la gorge.

— C'est plutôt vous qui vous en prenez à la gorge des gens, non ? Remarquez, je suis un peu trop grand pour vous. Vous ne vous attaquez qu'aux enfants, pas vrai ? »

Même ratatinée dans son fauteuil et sous le poids des années, il était facile de deviner à quel point Elyane avait été forte et imposante. Son chignon affaissé, les joues dodues de ce petit visage crispé, ses lunettes cerclées de rouge, son châle qui descendait jusqu'à la taille et son tablier hors du temps : une observation rapide aurait pu la réduire à une mémé inoffensive ; mais l'œillade carnassière, la carcasse noueuse et les longs avant-bras tordus sur ses genoux suggéraient une mante religieuse capable de se déployer pour vous déchiqueter.

En guise de provocation, je lui lançai : « Je sais que Giulia est innocente ».

Elle se mit à rire à gorge déployée :
« Innocente de quoi au juste ?
— Ce n'est pas elle qui a égorgé les petits.
— Oui, mais c'est comme si elle avait tenu les couteaux à notre place. Elle a tout provoqué.
— Vous reconnaissez donc avoir pris part au

massacre ?

— Je n'ai fait que prêter mes mains. C'est une force supérieure qui les a guidées. »

Maxime eut du mal à garder son calme plus longtemps.

« Elyane, je pensais que vous auriez au moins ce courage-là.

— De quoi ?

— De reconnaître vos actes. N'allez pas imputer à Dieu cet acte innommable.

— Qu'est-ce que vous y connaissez, vous ? Vous n'êtes même pas croyant. Et vous vivez dans le péché.

— J'ai lu la Bible plusieurs fois. Apparemment mieux que vous.

— 'Si c'est un garçon, faites-le mourir ; si c'est une fille, laissez-la vivre.'

— Mais vous êtes folle de sortir ce type de verset de son contexte ! Vous mélangez tout... Les infanticides ne sont jamais encouragés... Cela a toujours été le dernier recours de rois paranos, qui voulaient empêcher la venue d'un sauveur... »

Maxime tremblait. Je lui saisis le bras pour le calmer.

« Ne rentrez pas dans son jeu. Vous l'avez dit

vous-même, elle est folle.

— Je ne peux pas y croire. Ne me dites pas qu'elle a tué les cinq garçons et laissé Livia en vie pour cette raison.

— Maxime, vous savez pertinemment qu'elle voulait se venger de Giulia, et elle a pris le premier verset qui allait dans son sens... C'est le danger avec ce type de personnes : elles ne comprennent pas ce qu'elles lisent ou ce qu'elles entendent, mais ça résonne en eux, et elles se mettent à l'appliquer. Cette femme est une psychopathe. Point final. »

Elyane se dressa en exultant :
« 'Voici, le jour de l'Eternel arrive, jour cruel, jour de fureur et d'ardente colère. Qui réduira le pays en désolation et en exterminera les pêcheurs... De leurs arcs, ils abattent les jeunes gens ; ils seront sans pitié pour le fruit du sein maternel ; leur œil n'épargne point les enfants...' Si vous saviez... C'est tellement pratique les versets, pour contrôler des esprits plus faibles. »

Elle se tourna vers Gemma qui pleurait :
« Voyons, vous n'avez pas pu croire que j'étais assez idiote pour prendre cela au pied de la lettre ! Je voulais la faire payer, la Giulia. Mais je n'allais pas y arriver toute seule. Il me fallait des arguments

pour contrôler les autres bigotes.

— Mais alors, pourquoi vous avez parlé de force supérieure ? demanda Maxime.

— Cette force, c'est la Justice. J'ai rétabli l'équilibre, j'ai remis les choses en ordre, j'ai puni celle qui a fauté... J'ai tout résolu. Il faut des personnes courageuses comme moi pour s'attaquer aux monstres que d'autres laissent faire. »

Maxime me glissa :
« Vous enregistrez bien tout cela ?

— Comptez sur moi.

— Parce que je ne suis pas sûr qu'on aura droit à ce type d'aveux, deux fois. »

Elyane se rapprochait de Gemma comme si elle voulait la consoler, mais ses paroles tombaient comme des poignards :
« Cela a été tellement facile de manipuler la Rose... Elle savait que son Stéphane avait un faible pour Giulia. Ce couillon y faisait souvent allusion, pour la rendre jalouse. Et ça la mettait tellement mal, la petite. Elle en devenait dingue... Ils devaient se marier à son retour de service militaire, et elle ne voulait prendre aucun risque. Je suis allée dans le sens de Stéphane, en racontant que l'Italienne lui tournait souvent autour, qu'elle aimait bien les

petits jeunes, qu'il fallait la mettre hors d'état de nuire... Je lui ai dit ça jour après jour, et ça a fait son chemin.

J'ai raconté des choses à peu près semblables aux autres.

Pour la Célestine Cheneval, c'était tellement simple. Elle convoitait le petit Robert. Mais Robert, c'est un pédé. Il en pinçait pour le Stéphane. Et elle, elle n'a rien vu venir. Elle chialait parce qu'il ne la reluquait pas. Alors, je lui ai expliqué que c'est parce Giulia s'occupait déjà bien de sa queue... Elle était instable, la petite infirmière. Il n'a pas fallu beaucoup la pousser... Vous imaginez ma réaction quand mon Claude s'est mis à fréquenter sa nièce ? Elle est aussi sotte que Célestine, mais elle rend mon gosse heureux. Alors, je ne me suis pas interposée.

Rose et Célestine : une simple formalité. Et pareil pour Odette et Lucienne. Ces laiderons n'avaient pas confiance en elles, en leur capacité à garder leurs hommes. Il n'a pas fallu beaucoup argumenter pour les dresser contre Giulia. Chaque jour, votre aïeule nous donnait une occasion de plus la détester. Chaque jour, elle vous balançait une horreur au visage. »

Gemma suffoquait sous les larmes. Elle réussit à demander :

« Mais vous ? Vous ? Pourquoi vous lui vouliez du mal à Giulia ?

— Parce qu'elle a couché avec mon mari.

— Comment ça ?

— Je n'arrivais pas à lui donner d'enfant, alors il s'était mis à voir ailleurs.

— Mais, Claude... ? Vous aviez bien eu Claude ?

— Nous l'avons adopté vingt ans après cette affaire... Vous savez que plus personne n'a pu avoir de bébé depuis le meurtre des petits Conti ? Tout le monde parle de malédiction, et je les laisse bien croire ce qu'ils veulent, ça m'arrange bien qu'ils haïssent la Giulia... Mais moi, j'étais stérile bien avant ça.

— Alors, toutes ces horreurs pour ça ? Pour un simple adultère ?

— Vous avez le même sens moral que votre grand-mère, on dirait... L'adultère, c'est du vol ! C'est une agression !... Mon mari disait sans cesse 'T'es bonne à rien, t'es même pas capable de me donner un enfant, mais l'Italienne, elle, elle est féconde. Elle lui a fait cinq fils à son Fabio. Elle m'en fera aussi'. Et un soir, il est rentré en disant 'C'est plié'.

— Et vous l'avez cru ?

— J'ai senti le parfum de la sorcière sur sa peau, ça m'a suffi... Après, qu'elle l'ait accueilli dans son lit ou qu'il l'ait prise de force, peu m'importait. Le mal était fait. »

Gemma hurla.

« Vous vous rendez compte de ce que vous dites ? Vous n'êtes pas sûre de ce qu'il s'est passé !!! Et vous envisagez même qu'il ait pu la violer.

— Je vous l'ai dit, dans les deux cas, le mal était fait... S'il a porté son choix sur elle, c'est qu'elle l'a tenté... Comme on dit, qui cherche trouve. »

Gemma pleurait au sol, sans que rien ne semble l'arrêter. Elyane prit un air presque compatissant en se rapprochant d'elle. Elle lui tendit la main comme si elle s'attendait à ce que ma sœur accepte ce contact. J'allais m'interposer, mais Maxime me retint.

« Elle n'a pas fini de parler, me glissa-t-il à mi-voix. Ecoutez-la.

— Vous, ma petite Gemma, vous n'êtes pas comme elle. Vous êtes plus douce, plus naïve. Je vous préfère.

— Mais les petits ?... Pourquoi eux ?... Ils n'ont pas mérité ça, souffla ma sœur.

— Oh, on aurait pu simplement tuer la sorcière, pour nous en débarrasser... Mais elle n'aurait pas souffert à la hauteur de son crime. Il fallait la briser, lui enlever ce qui comptait le plus pour elle. Et ce n'étaient clairement pas son mari ou sa fille, sa plus grande fierté. Voilà pourquoi on lui a pris les garçons. »

Elyane posa sa main sur l'épaule de Gemma, qui eut un mouvement de recul et lui dit :

« Vous n'avez pas de regret ? Même aujourd'hui ? Ce que vous avez fait, c'était atroce. C'était inhumain.

— Vous réalisez que vous avez condamné Ithaque ? ajouta Maxime. Que ce village est mort à cause de vous.

— Je ne vous permets pas de me juger. Vous ne comprenez strictement rien... La fin justifie toujours, toujours les moyens... »

Je décidai d'intervenir, car il nous fallait des aveux complets, et non les élucubrations morales de cette pourriture :

« Comment pouvez-vous parler de justice ? Des adultes contre des enfants : cela n'était pas équitable. Et ça n'a pas dû être trop difficile. Surtout si vous avez fait boire les gamins.

— Oh, ils étaient bien contents, ils avaient la tête qui tournait, ils ont vu des étoiles, avant de les rejoindre pour de bon. On leur a dit qu'on allait faire une jolie surprise à leur maman. Ils sont morts le sourire aux lèvres.

— Pas tous. L'un d'entre eux vous a donné du fil à retordre, il paraît.

— Oui, le petit merdeux. Le prétentieux du lot... Et vous vous doutez bien qui a eu des scrupules à la dernière minute ? La Rose... Elle a failli se défiler et tout faire échouer. Imaginez si le gamin s'en était sorti et nous avait accusées auprès des autorités... Hors de question de la laisser gâcher tout ça. »

J'avais envie d'empoigner cette pauvre démente et de la jeter contre le mur. J'étais sûr que ses os se briseraient comme du cristal, en cascade, et qu'elle souffrirait le martyr. Sa grimace conquérante, son insistance sur les détails : il était évident qu'elle nous narguait. Imbue de sa toute-puissance, elle déclara :

« En vrai, je dois vous remercier. C'est agréable de tout raconter. De revivre cette nuit, toutes ces années après... Maintenant, je me sens prête à la raconter au monde entier. Ils doivent savoir ! Savoir à quel point Giulia était débauchée.

— Personne n'excusera votre geste, lui dis-je en crachant presque.

— Je ne parierais pas là-dessus... J'ai vengé

toutes les femmes trompées. Toutes les personnes qui ont rêvé de punir, sans jamais s'en donner les moyens. Toutes celles et ceux qui croient encore dans les valeurs sacrées du mariage... »

Elyane se levait et s'asseyait frénétiquement, comme en proie à une terrible ivresse. Maxime posa la question qui le taraudait :

« À part vous, qui était au courant dans le village ?

— Personne. Les quatre filles avaient peur de finir en prison, donc elles n'ont jamais rien dit. On se l'était juré. Même si nos actions étaient pures, on se doutait bien que le meurtre des gamins, ça ne passerait pas auprès de tout le monde... Je vous l'ai dit, les gens sont faibles... Ils préfèrent laisser les tribunaux rendre la justice, alors qu'ils pourraient l'appliquer eux-mêmes... 'Rendre la justice', c'est tellement drôle ! Comme s'il fallait la restituer ! Non, moi, je crois que la justice est à nous, et qu'il faut la prendre et la garder.

— Alors, comment avez-vous couvert votre meurtre ?

— On s'est contentées de laver les éclaboussures de sang sur notre peau immédiatement, et de brûler nos vêtements et tabliers le jour d'après...

— Et comment pouviez-vous être sûres que personne ne vous surprendrait ?

— Pendant le sacrifice ? Les enfants du village jouaient loin de là, les hommes étaient avinés, et les épouses étaient trop occupées à les surveiller. C'est pour ça que Giulia ne s'est rendu compte de rien.

— La petite Agathe vous a tout de même vues.

— Je m'en suis doutée, mais elle a su tenir sa langue... En tout cas, si les gens ont eu des soupçons, ils n'ont rien dit. Vous devez vous mettre une chose dans le crâne : ça les a bien arrangés. Tout le monde était triste pour les Conti, oui, mais tout le monde était aussi bien soulagé... Je parie que la Rose en a parlé à Stéphane, sinon vous ne seriez pas là aujourd'hui... Elle a essayé de me le cacher, mais je sais qu'elle est allée voir Giulia en prison. Elle était persuadée d'obtenir son pardon en lui avouant tout. Tu parles, elle est morte quelques temps après ça. Bien fait ! Bien fait ! »

Une nuée de questions m'assaillait. Presque secondaires... Comment Claude avait-il pu devenir cet homme si calme, si doux, avec une mère aussi nocive ? De quels autres méfaits Elyane s'était-elle rendue coupable ? Et de quelle vigilance, quels chantages avait-elle dû faire preuve pour que ses alliées ne se retournent jamais contre elle ? Viendrait le temps de tout décortiquer, mais sans nous être réellement coordonnés, Gemma, Maxime et moi venions d'obtenir une confession totale. Je cherchai comment mettre un terme à tout ça et filer.

Gemma, elle, continuait de sangloter, mais son expression ne se limitait plus à de la douleur. Ses yeux exprimaient désormais une forme de défiance. Elyane posa sa main sur ses cheveux, comme s'il s'agissait d'un chiot : « Ce n'est pas facile de porter sur soi les péchés de sa famille... Mais vous devrez vivre avec, ma petite. Ou je peux vous aider. »

Elle porta la main à la poche de son tablier. Et en sortit quelque chose de brillant.

« Gemma, attention ! »

29.

Encore aujourd'hui, je revis cette scène au ralenti.

La vieille sortit un couteau. Peut-être le même qu'elle avait utilisé le soir du sacrifice. Elle ne le positionna pas sous la gorge de Gemma, mais à hauteur de son ventre.

Et elle frappa.

Une fois.

Deux fois.

Trois fois.

Avec toute la force dont je l'avais sentie capable quelques minutes auparavant, en la voyant trôner sereine au milieu de son salon.

Gemma poussa un unique hurlement, puis s'évanouit. Je n'eus le temps que de penser 'Elle est morte', et je me ruai vers elle pour l'éloigner de la vieille folle. Maxime tenta également de s'interposer et de récupérer l'arme.

Mais il n'eut pas à insister. Elyane s'écarta d'elle-même et posa le couteau sur la table. J'avais le dos tourné, mais je l'imaginais observer la scène avec satisfaction. L'enseignant paniqué qui essayait de faire barrage, alors qu'il n'y avait plus rien à sauver. La jeune femme qui gisait comme une poupée cassée. Et son grand dadais de frère qui tentait piteusement de faire pression sur la blessure pour retenir le saignement d'une main, et la réveiller de l'autre.

« Gemma, je t'en supplie ! Me laisse pas. Me laisse pas. »

À chaque fois que Maxime raconte la scène (ce qui est arrivé plus d'une fois au cours des derniers mois), les larmes lui montent à une vitesse stupéfiante.

En me rapprochant de son visage, je constatai que Gemma respirait encore.

« Maxime, appelez les secours, s'il vous plaît. On peut encore la sauver.

— C'est ce que j'essaye de faire, mais au niveau réseau, c'est pas...

— Prenez mon téléphone. Dans ma poche.

— Toujours aucun signal... Je sors, ça captera mieux, dit-il en courant et en s'emparant du couteau sur son passage.

— Nous sommes à Ithaque, il n'y a qu'un vieux docteur ici. Les urgences n'arriveront jamais à temps, » décréta Elyane.

Un instant, je crus qu'elle riait. En réalité, elle fut prise d'une quinte de toux. Je souhaitai qu'elle s'étouffe dans son râle, qu'elle s'étouffe dans ses glaires. Mais ça ne pouvait pas être aussi facile, n'est-ce pas ?

*

Livia se sent parcourue par une vibration brûlante.

Elle voit tout, elle sait tout désormais.

Elle sait la nuit de l'Ascension. Ses rouages. Ses douleurs. Et ses secrets désormais déchirés, comme les gorges de ses frères. À l'air libre, comme le sang de ses frères.

Elle sait aussi la malédiction d'Ithaque. Ses ventres inféconds. Les exodes et les abandons. Toute sa vie suspendue dans un écho permanent. Parce que Giulia a eu le dernier mot. « Mai piú. » Plus jamais, à tout jamais.

Elle sait enfin les derniers souffles de Gemma. Et du bébé qui n'avait rien demandé, lui, si ce n'est de venir au monde. Mais on commence à le savoir : les erreurs des parents rejaillissent sur leurs enfants.

Elle ne s'inquiète pas pour Luca. Lui, est hors de danger. Et il continuera de crapahuter librement jusqu'à ce qu'une crampe l'arrête net au sommet d'une montagne. Mais ça n'est pas pour tout de suite.

C'est tout de même terrible pour Gemma. Certes, ce n'est pas le drame absolu, car elle le sait désormais, la mort n'est pas la fin. Mais Gemma a encore des choses à prouver, des projets à accomplir, des vies à embellir.

Alors, elle va essayer. Avant de disparaître pour de bon. S'il reste quelque chose à sauver...

*

30.

Maxime revint avec une promesse : celle des secours.

L'attente nous plongea dans une immense boucle temporelle : sans avancée, sans résolution, donc sans fin. Tandis que je maintenais ma pression sur la blessure, Maxime faisait écran, pour prévenir une éventuelle attaque de la vieille bique. Elyane toussait encore. Le cœur de Gemma battait encore. Ces encore prolongeaient autant notre calvaire que nos espoirs.

Nous n'osions même plus parler, de peur de briser ce charme qui maintenait le statu quo.

Est-ce que le fœtus allait survivre ? La vérité devait-elle se monnayer aussi cher ? Et surtout, pour quelle raison, cette ultime bravade ?

Elyane était un vrai monstre. Mais pas Maxime, qui se décida à lui tendre un verre d'eau pour apaiser sa toux.
Elle but voracement, mais la quinte reprit de plus belle.

Puis elle s'arrêta net : « Je... »

Elle regardait fixement, dans le vide. Puis soupira deux syllabes : « Giulia ! »

Avait-elle pris Gemma pour ma grand-mère ? Était-ce pour cette raison qu'elle l'avait agressée ? Est-ce qu'elle avait définitivement basculé dans la démence ?

Elyane passa frénétiquement la main devant ses yeux comme si elle était éblouie. Elle maugréa :
« Arrête ça. Ne t'approche pas. Je pourrais te tuer, cette fois-ci. Je l'ai déjà fait dans mes rêves. »

Elle se leva péniblement, recula, fit un quart de tour et trébucha. Sa bouche se déforma dans un hideux rictus. Elle fouetta le côté gauche de son visage, comme pour le redynamiser, empêcher ses lèvres de s'affaisser, leur redonner forme.

Puis elle reprit la parole :

« Et celle-là, c'est qui ?... Ah, je vois... Toi, tu me dois une fière chandelle. Je t'ai libérée de son influence. Grâce à moi, tu as pu avoir une vie normale. Deux gosses. Loin d'ici... Moi, je n'ai pas eu autant de chance... »

Maxime et moi nous regardâmes interdits, pendant qu'elle continuait :

« Gemma ?... Je devais... la punir. Quand elle m'a... dévisagée, j'ai vu... son jugement... j'ai revu... les yeux de Giulia. Je pouvais pas laisser passer ça... Il faut couper... toutes... les mauvaises herbes. Toutes... Sinon... le jardin meurt. »

Les derniers mots avaient été presque inaudibles, car sa bouche ne cessait de retomber, comme engourdie. Elle tenta quelques pas, mais l'une de ses jambes ne lui obéissait plus. Elle voulut lever le bras gauche, sans succès.

Puis elle porta la main droite à sa gorge.
« Non, non... »

Et elle s'affaissa.

31.

Les deux secouristes furent plus prompts que prévu. Je continuais de faire pression sur les points d'entrée de la lame. Le plus vigoureux des soignants m'aida à me relever, sans interrompre l'étreinte. Maxime assista le second pour placer Gemma sur la civière.

Le costaud nous dit :
« On dirait que l'hémorragie a cessé... Relevez les mains tout doucement, je vais prendre le relais... Voilà, parfait. Elle respire encore, on va essayer de la stabiliser dans l'ambulance. On ne peut pas faire de miracle, mais on promet de ne rien lâcher. »

Nous le suivîmes jusqu'au véhicule, et

Maxime négocia pour que nous les accompagnions dans l'ambulance. Je réalisai que j'avais oublié mon portable, et l'un des secouristes tint à m'escorter, pendant que Maxime restait avec Gemma. Il craignait que, sous l'effet du choc, je ne m'effondre.

Je rassemblai très rapidement mon téléphone et les effets de Gemma, quand le jeune homme s'écria :
« Mince, je l'avais pas vue !
— Qui ?... balbutiai-je.
— Votre grand-mère ! »

Il me désigna Elyane, sur son fauteuil, bouche et yeux béants. Il se mit à chercher son pouls.
« Ah, j'ai senti quelque chose. On va peut-être pouvoir la sauver elle aussi... Vite, ne trainons pas. »

Une fois dans l'ambulance, le secouriste resté avec nous à l'arrière me dit, penaud :
« Je suis désolé, on s'est focalisés sur la jeune femme enceinte, et je n'ai pas vu que votre mémé était tombée dans les vapes... Dites, ça a dû lui faire un choc de voir cette scène. Elle a fait un malaise ?
— Elle s'est mise à dire des choses incohérentes, détailla Maxime. Puis elle ne voyait

plus rien. Et ses forces l'ont lâchée...

— Je vois. Elle a dû faire un AVC...

— C'est elle qui a attaqué ma sœur... » dis-je à l'urgentiste.

Il eut un bref moment de recul et d'hésitation, au terme duquel il avoua :

« Je ne peux pas la laisser mourir. Même si vous prétendez que c'est une criminelle. »

Il regarda les deux corps allongés, de part et d'autre, comme s'ils reposaient sur les plateaux d'une immense balance invisible dont il serait le fléau.

Il râcla sa gorge, et déterminé, ajouta :

« Mais mon collègue est au volant, et il n'y a que moi pour donner les premiers soins. Je vais devoir prioriser mes efforts...

— Sans vouloir vous influencer, dis-je... Entre une jeune femme, enceinte, et une... »

Le secouriste me fit signe de me taire. Mais ses yeux ne laissaient aucun doute quant à ses intentions.

32.

Maxime resta à mes côtés pendant qu'on opérait Gemma.

« J'ai un mauvais pressentiment, lui dis-je.

— Taisez-vous. Et puis, si votre sœur meurt, Marie va vous assassiner

— Gemma vous avait parlé de sa compagne ?

— Oui. Je la suspecte de m'avoir dévoilé des aspects de sa vie pour m'amener à me confier sur la mienne.

— Et elle a réussi à vous soutirer un scoop ?

— Voyons Luca, je vis à Ithaque. Que voulez-vous qu'il se passe de trépidant dans mon quotidien ?

— Vous voulez dire : à part des drames, des cris et des attaques au couteau ? »

Quand Maxime me tendit un café, ma vue se brouilla, et ce fut le déluge. Je libérais toutes les larmes retenues depuis l'enfance. Celles qui auraient dû couler quand on m'avait annoncé la maladie, puis la mort de Livia. Toutes celles que la tension des derniers jours avait rassemblées, mais que j'avais niées par pudeur, par connerie ou pour laisser Gemma vivre ses émotions sans la parasiter. Toutes les larmes que les Ithaciens avaient refusé de verser pour la famille Conti. Et toutes les larmes que m'inspirait la peur de perdre ma sœur... Ça en faisait, des ruisseaux.

Et quand je vis Marie débouler en transe dans le hall de l'hôpital, je pleurai le double.

L'un des médecins vint nous chercher au terme de la nuit la plus longue de ma vie :

« Le bébé semble hors de danger pour l'instant. Pour la maman, je préfère ne pas m'engager. Elle a perdu beaucoup de sang pendant l'opération. On la surveille de près... Maintenant, si vous voulez aller la voir dans sa chambre. »

Nous laissâmes un Maxime endormi, pour nous rendre au chevet de Gemma. Elle paraissait encore plus minuscule, mais prête à lutter.

Je m'approchais de son oreille :

« C'est déjà dimanche. On devrait déjà être sur le chemin du retour. Mais je me doutais que tu ferais tout pour prolonger les vacances...

La bonne nouvelle, c'est qu'Elyane a passé l'arme à gauche dans la nuit... Mais toi, t'as pas intérêt à l'imiter... Imagine, si vous arrivez là-haut au même moment toutes les deux : vous allez vous sauter à la gorge, et je ne serai pas là pour vous séparer...

Surtout, je ne peux pas perdre les deux femmes de ma vie la même semaine. Il faut que tu t'accroches, Gemma. Je ne pourrai pas écrire l'histoire de notre famille, sans toi... »

33.

Six mois se sont écoulés, et j'ai tenu promesse, puisque j'écris ces lignes dans une salle d'attente de la maternité.

Gemma s'est accrochée comme une lionne, et après une convalescence compliquée, elle est sortie de l'hôpital pour préparer l'arrivée du bébé. « Une fille... Histoire de perpétuer une longue lignée de pestes ! » m'avait-elle annoncé par texto.

Nous voilà donc aux Hospices Civils de Lyon, à attendre l'arrivée de la petite Sylvia. Un hommage croisé à nos origines et à celle qui nous a permis de percer quelques mystères familiaux. La Sylvie d'Ithaque qui, un beau matin, a fait ses valises et laissé son Claude de mari se morfondre seul sur la mort de sa mère.

Marie est dans la salle d'accouchement avec Gemma, et c'est Maxime qui me tient compagnie. Sur sa gauche, un bouquet d'iris et une peluche presque aussi haute que lui. Sur sa droite, des ballons et sa sacoche. Tout en tapant frénétiquement sur mon ordinateur, je lui lance :

« On ne se quitte plus depuis quelques mois, Max. Vous pensez qu'on va finir ensemble ?

— C'est compromis. Quand j'ai demandé ma mutation loin d'Ithaque, je n'ai pas postulé en Auvergne-Rhône-Alpes

— Vous avez demandé quelle ville ?

— Troyes...

— D'Ithaque à Troyes... À l'écrit, le jeu de mots tombe à l'eau, mais à l'oral, ça fera son petit effet... Bon, sérieusement, vous allez où ? »

Mais Maxime ne plaisante pas.

« Vous me ferez lire votre manuscrit ?

— Oh, ça ne devrait pas tarder. Je compte le terminer aujourd'hui... Commencer par un enterrement, et finir sur une naissance, je trouve la structure plutôt... heureuse.

— Tant d'optimisme, ça ne vous ressemble pas... Sans vouloir doucher votre enthousiasme, cela a déjà été fait... Vous avez trouvé le titre ?

— Oui, je me suis inspiré d'une phrase que répétait souvent ma mère... Ça s'appellera *Face à la Mère Déchaînée*.

— Vous auriez pu choisir le pluriel. Pour Giulia. Pour Livia. Et pour Elyane, aussi. Elle était sacrément déjantée dans son genre... Je vous avais dit que son prénom signifiait 'celle qui élève' ?

— Sérieusement ? Elle devait vraiment être convaincue que l'Ascension, c'était son jour de gloire... »

Maxime n'a pas abandonné ses marottes, mais son visage et son attitude ont changé. Il paraît plus serein, plus sûr de lui.

« Dites, Max, il faudra qu'on puisse passer au tutoiement, un de ces quatre.

— Vous avez trouvé toutes les réponses à vos questions ?

— Belle esquive... En fait, non, je m'interroge toujours sur les dernières paroles d'Elyane... Soit elle était vraiment cinglée. Soit elle a reçu la visite de Livia et Giulia. J'avoue que j'ai une préférence pour ce scénario. Et vous ? »

Maxime me lance un sourire énigmatique et botte à nouveau en touche :

« J'aurais bien aimé la rencontrer, votre maman. Elle m'aurait plu... Mais je suis certain qu'elle continuera à vivre à travers votre sœur et vous. Donc j'aurai bien l'occasion d'en avoir un aperçu de temps à autres.

— On y veillera.

— Dites-moi, j'ai une faveur à vous demander.

— Tout ce que vous voulez.

— J'aimerais avoir le mot de la fin, dans votre livre.

— Vraiment ? En quel honneur ?

— Figurez-vous que j'ai continué mes recherches... Vous et moi savons comment Elyane et Rose ont fini leur vie. C'étaient les deux seules restées sur Ithaque. Mais j'ai voulu savoir ce qu'il était advenu de celles qui avaient mis les voiles... Les trois autres complices, vous savez, Célestine Cheneval, Lucienne Bourgeois et Odile Clamart.

— J'avoue ne pas m'être intéressé à leurs cas. Mon livre est un hommage à ma famille. Les meurtrières n'y sont mentionnées qu'à travers leur acte, je citerai à peine leurs noms. À part cela, elles ne méritent que l'oubli... »

Maxime acquiesce, laissant croître ma curiosité. Je trépigne, mais je me garde bien de le montrer. Je concède du bout des lèvres :

« Ceci dit, je ne suis pas contre quelques détails... Pour ma culture personnelle...

— Oui, je sais combien vous aimez quand je partage mon savoir. Je vous ai souvent vu lever les yeux au ciel !

— Ne me faites pas languir ! Dites-moi qu'elles en ont bavé, qu'elles ont fini dans le dénuement et la haine d'elles-mêmes. D'après ce que nous avait raconté Sylvie, pour Célestine, cela n'a pas été tout rose. Elle a terminé sa vie isolée dans un petit appartement cours Saleya, non ?

— Pas tout à fait dans l'appartement. Figurez-vous qu'elle est passée par la fenêtre... Quant à Lucienne, elle a achevé sa trajectoire sous les roues d'un 4x4 à Mougins. Enfin, Odette a fait plus simple : elle s'est noyée à Cagnes-sur-Mer.

— C'est normal si je ne compatis pas ? Je suis un monstre ?

— Du tout. »

Je prends quelques notes, sans savoir si elles seront pour mon livre, ou uniquement pour les partager avec Gemma. Puis je relève les yeux vers Maxime.

« Donc, elles ont toutes connu des morts violentes.

— Comme Rose Clément et Elyane Bouillon.

— Vous pensez que Célestine, Lucienne et Odette se sont suicidées ?

— Possible.

— Le poids de la culpabilité ?

— Je l'espère. Cela signifierait qu'elles avaient malgré tout un reste de sens moral... »

Maxime passe la main sur la tête de la peluche, avec malice, et glisse :

« Mais j'ai une autre théorie... Qui me plaît davantage... Comme ces trois-là sont mortes loin d'Ithaque, personne n'a pu faire le lien. Mais vous savez quoi ? J'ai cherché les dates des décès. Pour les cinq femmes. Tenez, je les ai notées pour vous : le 19 janvier pour Lucienne, le 22 mai pour Elyane, le 5 août pour Odette, et le 15 septembre pour les inséparables Rose et Célestine. »

J'ai du mal à déglutir.

« C'est improbable. Vous vous moquez de moi ?

— Ah, je pensais que vous ne feriez pas le rapprochement. Et que je devrais tout vous expliquer moi-même...

— Pour qui me prenez-vous ? J'ai fait des recherches sur les membres de ma famille, tout de même !... Ces dates correspondent aux anniversaires des petits... »

Le sourire de Maxime s'étend d'une oreille à l'autre.

« Belle déduction ! En fin de compte, tu l'as mérité, ce tutoiement... Tiens, je t'ai emmené les coupures de journaux. C'est mon petit cadeau... Parce que tu as compris que la peluche, les fleurs et les ballons ne seront pas pour toi.

— C'est presque trop beau pour être vrai, dis-je en parcourant les articles de presse. Et attends, tu m'as précisé le jour, mais pas l'année... Je connais les dates pour Rose et Elyane, mais pour les trois autres...

— Pour Lucienne, Odette et Célestine, le décès est également survenu après la mort de Giulia... »

Une pause.

« Maxime, tu penses la même chose que moi ?

— Que ta grand-mère était derrière tout ça ?

— Oui... Je sais que tu ne crois pas aux fantômes. J'ai essayé de t'amener sur cette pente-là, tout à l'heure, mais tu n'as pas accroché.

— N'oublie pas l'une de nos premières conversations. Je suis un pragmatique ouvert à toutes les possibilités. Là où tu verras du surnaturel, moi je verrai simplement quelque chose d'inatteignable pour nos consciences limitées. J'ai la conviction qu'un jour, la science pourra expliquer cela. Et puis, je suis également un indécrottable idéaliste, et j'aime l'idée de justice... Enfin, une preuve est une preuve, on ne peut pas ignorer l'évidence.

— Que les meurtrières aient péri lors des anniversaires des petits, c'est prodigieux... Si c'est un coup de Giulia, elle aura réussi sa vengeance magistralement... Patiemment, mais pas moins fatalement.

— Et le plus beau dans l'affaire, c'est que pour l'assaut final, elle aura visiblement pu compter sur Livia...

— Enfin réunies. »

Marie arrive les yeux rougis :
« Bon alors, les tontons, vous venez faire connaissance avec la petite nouvelle ? »

Surprise et gêne de Maxime :
« Euh, moi, je ne suis que la pièce rapportée. Je ne veux pas...

— Max, arrête, lui dis-je. Ma sœur m'a traîné à Ithaque avec l'espoir de se construire une famille. On n'a pas trouvé exactement ce qu'on attendait, mais on n'a pas perdu au change, puisqu'on t'a rencontré. Si la perspective d'intégrer notre tribu ne t'effraie pas...

— ... Rien ne me ferait plus plaisir.

— Allez, Gemma vous attend, nous houspille Marie. Et préparez-vous, parce qu'elle est à la fois essorée et affamée. L'accouchement a fait d'elle un monstre !

— Max, prêt à affronter le tout nouveau modèle de mère déchaînée ?

— Prêt à affronter tous les océans et toutes les créatures qu'ils recèlent !

— Eh, ça tombe bien. Comme disait ma mère, *In culo alla balena* !

— *Speriamo che non caghi* ! » ponctue-t-il.

Maman l'aurait aimé, ce drôle de bonhomme.

Gemma nous présente le bébé endormi. Elle irradie de fierté, mais son sourire est grave, teinté par la conscience de ses nouvelles responsabilités.

Pendant que Max et Marie se lancent dans une nuée de compliments, ma sœur me confie :

« Pile au moment où j'ai perdu les eaux, je finissais de ranger les affaires de Maman. Je venais de retrouver le message que Giulia lui avait adressé le jour de sa mort. Comme elle n'était pas venue le chercher, il lui avait été envoyé par courrier...

— Elle n'avait jamais ouvert l'enveloppe ?

— Elle devait savoir ce qu'elle contiendrait. Moi-même, j'avais deviné qu'il s'agirait des mots qu'elle nous confiait tous les soirs, avant de partir au boulot. Elle ne nous a jamais dit 'je t'aime', mais elle disait souvent '*Non ci lasceremo mai*.'

— Giulia et Maman n'auront pas failli à leur promesse. À nous désormais de tenir toutes les nôtres ! »

*

Certaines nuits, quand le sommeil se dérobe, la petite Sylvia reste paisiblement dans son lit. Et elle attend.

Elle n'appelle jamais ses mamans, car elle a toujours de la compagnie pour veiller sur elle, la rassurer.

En effet, la petite Sylvia peut compter sur les cinq anges, qui se succèdent pour la prendre dans leurs bras et la bercer.

Elle n'a pas encore les mots pour leur répondre, mais les anges lui parlent déjà. Lui disent combien elle est jolie. Lui racontent l'histoire des Conti – son Histoire. Et tissent des projets d'avenir, où rien ne sera impossible pour elle.

Et elle écoute calmement, et leur sourit en tendant ses mains potelées, en guise d'offrande.

Sylvia n'a jamais peur de l'obscurité, car il n'y a pas d'obscurité avec les anges.

Oui, les anges se succèdent pour la prendre dans leurs bras et la bercer. Jusqu'à ce qu'elle ferme les yeux, et s'évade vers des rêves peuplés de peluches, de fruits et de bonbons. Ses aspirations sont encore simples à cet âge.

Mais si les anges ne font que passer, il en est un qui reste toujours un peu plus longtemps à ses côtés.
Cet ange-là diffère un peu des autres.
Ses gestes sont plus maladroits, ses mots plus secs.
Sylvia l'écoute plus attentivement, car il s'en dégage une forme d'autorité. Elle n'ose pas la contrarier, alors elle se fige et l'observe. Son chignon affaissé, les joues dodues de ce petit visage crispé, ses lunettes cerclées de rouge, son châle qui descend jusqu'à la taille...

ISBN : 9798882934223
Roman : © 2024 Nicolas Sanchez

Printed in France by Amazon
Brétigny-sur-Orge, FR